Weihrauch, Gold und Myrrhe

Nutzen Sie die Heilschätze der Natur

Von Heidelore Kluge
Dr. R. Charles Fernando

Mit einem Beitrag von Edzard F. Keibel

HAUG

Karl F. Haug Verlag · Heidelberg

Die Deutsche Bibliothek – CIP-Einheitsaufnahme

Kluge, Heidelore, Fernando, Dr. R. Charles und Keibel, Edzard F.:
Weihrauch, Gold und Myrrhe : Nutzen Sie die Heilschätze der Natur /
von Heidelore Kluge, Dr. R. Charles Fernando und Edzard F. Keibel –
Heidelberg : Haug, 1999
ISBN 3-8304-2006-4

ISBN 3-7760-1751-1

Lektorat: Dr. Elvira Weißmann-Orzlowski
Umschlagfoto: WSP DESIGN, 69120 Heidelberg / Fotodisk
Umschlaggestaltung: WSP DESIGN, 69120 Heidelberg
Bearbeitung und Satz: IPa, 71665 Vaihingen Enz
Druck und Vearbeitung: Westermann Druck, Zwickau

Inhalt

Vorwort und Danksagung

Hinter den Begriffen „Weihrauch, Gold und Myrrhe“ verbirgt sich für die meisten Menschen die Assoziation mit der Heiligen Schrift. Aus dem Neuen Testament erfahren wir, daß diese Gaben der drei weisen Könige Kaspar, Melchior und Balthasar dem neugeborenen Christuskind überreicht werden. Diese Ausführung macht zugleich deutlich, welche Wertschätzung jene aus dem Morgenland dargebrachten Geschenke zur damaligen Zeit genossen. Die aromatischen Harze Weihrauch und Myrrhe waren sogar dem Gold in ihrer Kostbarkeit vergleichbar.

Heute, fast 2000 Jahre nach der christlichen Zeitrechnung, haben diese Güter kaum noch eine Bedeutung als Handelsware. Wenn wir die kulturgeschichtlichen Nutzung der beiden Harze Weihrauch und Myrrhe verfolgen, welche eng mit kultischen und mystischen Riten verwoben ist, dann scheint auch die Verwendung als Räucherstoff zunehmend in Vergessenheit geraten zu wollen. Dennoch lösen diese balsamischen Düfte noch heute bei uns eine nachhaltige Faszination aus.

Weihrauch, Gold und Myrrhe auch als Heilmittel? Die medizinisch überlieferten Anwendungen dieser drei Schätze reichen weit zurück bis ins Altertum, und nun erleben wir in der modernen westlichen Medizin, daß sie wieder gezielt therapeutisch eingesetzt werden.

Vor diesem Hintergrund ist die Idee entstanden – genau genommen kurz nach Erscheinen des ersten Buches „Weihrauch und seine heilende Wirkung“ im Herbst vergangenen Jahres – über Weihrauch, Gold und Myrrhe zu schreiben. Auch wenn bisher die Weihrauchforschung ganz im Vordergrund meines Interesses stand, hielt ich es für durchaus herausfordernd und spannend zugleich, eine Triade aus Weihrauch, Gold und Myrrhe zu erschließen. Kann es ein Zufallsbefund sein, daß die drei Gaben der Heiligen Drei Könige sich jeweils als herausragendes Therapiegut in der Behandlung von chronisch entzündlich verlaufenden Erkrankungen wiederfinden? Die Wirksamkeit ist immerhin pharmakologisch gesichert:

Weihrauch wird erfolgreich eingesetzt bei entzündlichen gastrointestinalen Erkrankungen (Colitis ulcerosa, Morbus Crohn, Pankreatitis, Leberzirrhose), bei entzündlichen Gelenkerkankungen (Chronische Polyarthritis, Arthritis, Lupus erythematodes, Lyme Arthritis, Morbus Bechterew), Hauterkrankun-

gen (Psoriasis, Urticaria), allergischen Lungenerkrankungen (Asthma bronchiale) sowie Tumorerkrankungen (Astrocytom, Glioblastom).
Gold ist ein klassisches Therapeutikum für die Behandlung der chronischen Polyarthritis und hat sich in der homöopathischen Medizin etabliert.
Myrrhe findet Verwendung bei entzündlichen Erkrankungen des Mund-Rachenraums (Laryngitis, Tonsilitis, Tracheitis, Gingivitis, Paradontitis) und entzündlichen gastrointestinalen Erkrankungen (Colitis ulcerosa, Morbus Crohn, Stomatitis).
Etwas derartiges, und zwar eine Triade aus Weihrauch, Gold und Myrrhe herzustellen, ist kein einfaches Unterfangen. Dem Leser wird bei der Lektüre auffallen, daß der Behandlung des Weihrauchs und der Myrrhe eine größere Aufmerksamkeit als der des Goldes zuteil wird, was einzig und allein mit dem Umfang der verfügbaren Literatur zu der jeweiligen Thematik zusammenhängt.
Ich hoffe, auch wenn heute Weihrauch, Gold und Myrrhe nicht mehr so eng an kultische Prozesse und religiöse Handlungen geknüpft sind wie zur Zeit der Geburt Christi, daß es den Autoren dennoch gelungen ist, ihre Leser von der mystischen Kostbarkeit dieser drei Schätze zu überzeugen.
An dieser Stelle möchte ich Frau Heidelore Kluge meinen besonderen Dank aussprechen. Es ist wunderbar, daß wir in der gleichen Weise wie beim ersten Buch „Weihrauch und seine heilende Wirkung“ unsere gute Zusammenarbeit fortsetzen durften. In Herrn Edzard Keibel konnten wir einen sachkundigen Experten zur Thematik Myrrhe gewinnen. Seine langjährigen Erfahrungen aus der Praxis mit Myrrhe, gespickt mit seiner Pionierarbeit, haben als Fundus wesentlich zum Gelingen dieses Buches beigetragen.
Frau Dr. E. Weißmann-Orzlowski vom Karl F. Haug Verlag gilt mein Dank für die Betreuung des Buches und der Autoren, und meinen liebenswerten Mitarbeiterinnen, Frau K. Beißmann, Frau A. Rastätter, Frau H. Rossel und Frau E. Wolf für ihre wohlwollende Unterstützung. Weiterhin danke ich Frau Dr. A. Rossi (Gemmingen), Herrn Dr. Dr. E. Hager (Bad Bergzabern), Herrn Dr. K.-H. Gebhardt (Karlsruhe), Frau Dr. A. Koch (Hamburg), Herrn Dr. K. Müller (Isny), Herrn Dr W. Blumenschein (Marxzell), Frau Dr. B. Zöller (Heidelberg), Herrn C.-A. Brugger und Frau E.-M. Brugger (Karlsruhe), Herrn Dr. G. Fuchs (Walldorf), Herrn Dr. G. Sell (Bonn), Herrn Dr. G. Irmey (Heidelberg), Herrn Dr. K. Futterer (Karlsruhe), Herrn D. Neupert (Düsseldorf), Herrn W. Klemd (Holterfehn) Frau U. Botz (Königsbach-Stein) und Herrn

A. Kummer (St. Pölten) für die hervorragende und freundliche Zusammenarbeit.
Besonders hervorheben möchte ich in diesem Zusammenhang Herrn Prof. Dr. Dr. H. Kiesewetter vom Universitätsklinikum Charité, Berlin. Seinem Engagement und fördernden Interesse an der klinischen Prüfung des Weihrauchs verdanke ich die Umsetzung der Olibanum(Weihrauch)kapseln nach Dr. Fernando in drei großangelegte Studien an der Charité.
Frau Bernadette Schröder (im Bälde Frau Bernadette Fernando!) gebührt mein ganz besonderer Dank für ihre stets verständnisvolle und liebevolle Begleitung ihres meist mit Arbeitsüberlastung geplagten Mannes bei seiner täglichen Arbeit.

Kraichtal-Gochsheim, im Juli 1999 Dr. R. Charles Fernando

Weihrauch

Geschichte und Geschichten

Wußten Sie, daß ...

- die ägyptische Königin Hatschepsut (1490-1468 v.Chr.) in die Geschichte einging, weil sie eine einzigartige Expedition in das Land Punt entsandte, das wahrscheinlich im Ost-Sudan gelegen hat? Von dort gelangten unter anderem lebende Weihrauchbäume nach Ägypten.

Weihrauchstraßen

Die Handelswege des Weihrauchs

Ähnlich der berühmten Seiden- oder der Bernsteinstraße gab es auch bestimmte uralte Handelswege für den Weihrauch. Sie führten vom Süden der arabischen Halbinsel – dem heutigen Dhofar – über Mekka und Medina nach Petra. Von dort zweigten manche Karawanenstraßen nach Ägypten, über Gaza nach Phönikien und über Damaskus nach Mesopotamien und Kleinasien ab. Andere Wege führten über die Oasen im Inneren Arabiens nach Damaskus und Aleppo. Seehandelswege verliefen durch das Rote Meer nach Ägypten, über den Indischen Ozean nach Vorderindien und durch den Persischen Golf nach Persien und Mesopotamien.

Neben Weihrauch gelangten auch Myrrhe und Gold nach Norden – beides wurde ebenfalls in reichem Maße in den arabischen Ländern gewonnen. Im Austausch brachten die Karawanen vor allem Stoffe (beispielsweise Seide) und Geräte aus Eisen in den Süden. Wichtig war aber auch der kulturelle Austausch zwischen den Ländern.

Wußten Sie, daß ...

- in Ägypten der Weihrauch nicht nur ein Zeichen für die Offenbarung der Gottheit war, sondern diese sogar verkörperte? Die ägyptische Bezeichnung für Weihrauch bedeutet nämlich „Gottesduft“ und darüber hinaus sogar den „Stoff, der göttlich macht“.
- neben Myrrhe auch Weihrauch in Ägypten zum Einbalsamieren der Toten verwendet wurde?

- Weihrauch eine der Hauptzutaten für die in den alten jüdischen Tempeln verwendete Räucherung war? Nach der jüdischen Glaubensüberlieferung durfte Weihrauch überhaupt nur zur Ehre Jahwes verwendet werden – jede andere Verwendung stand lange Zeit unter Todesstrafe.
- im Alten Testament mehrfach davon die Rede ist, daß ein Gott wohlgefälliger Mensch einen Duft wie Weihrauch ausströmt?
- im Hohelied des Salomo aber auch die Sänfte der Liebsten „von Myrrhe und Weihrauch umwölkt" ist? So werden denn auch Myrrhehügel und Weihrauchberg zu Metaphern für ihre körperlichen Vorzüge.
- Berichten des Alten Testaments zufolge die Königin von Saba (etwa 950 v.Chr.) König Salomo Weihrauch als besonderes Geschenk sandte?
- im alten Griechenland als Zeichen der Wertschätzung die Bärte der Gäste mit Weihrauch parfümiert wurden?
- im alten Rom manchmal bis zu 25 Kilo des wertvollen Harzes bei der Einäscherung eines Adeligen verbrannt wurden? Von Kaiser Nero (37-68 n.Chr.) heißt es, daß er für die Leichenfeier seiner Frau Poppäa Sabina mehr als eine Jahresernte ganz Arabiens verwendet haben soll.
- Weihrauch auch als Kampfstoff verwendet wurde? So heißt es in dem Buch „Weihrauch und Myrrhe" von Martinetz, Lohs und Janzen: „Interessant ist auch die Verwendung des Weihrauchs als Vorläufer der chemischen Kampfstoffe, zum Beispiel zur Herstellung eines schwer löschbaren Brennstoffes, der in Behältern an die feindlichen Stellungen herangebracht und dort entzündet wurde. Er enthielt außer Weihrauch Pech, Schwefel, Werg und Sägemehl von Kienholz. Aus Weihrauchpulver, Quecksilbersublimat, Salmiaksalz und „gelbem Vitriol" erzeugte Dämpfe wurden dazu genutzt, Gegner in unzugänglichen Festungen auszuräuchern."
- unter der Herrschaft des römischen Kaisers Justinian etwa um 527 eine 25%ige Importsteuer auf Luxusgüter erhoben wurde? Ausgenommen davon waren lediglich schwarzer Pfeffer – und Weihrauch, denn beides galt als „lebensnotwendiger Bedarf".
- im frühen Christentum das Weihrauchopfer abgelehnt wurde mit der Begründung, daß es mehr äußerlich als spirituell sei? So schreibt der Theologe und Philosoph Clemens von Alexandrien (etwa 140-215 n.Chr.), daß für Gott eher ein Menschenherz, das ihn verherrlicht, wichtig ist als ein Rauchopfer. Weihrauch galt damals in der christlichen Kirche als „heidnisch".

- der Weihrauch erst im 5. Jahrhundert als Opfergabe in der christlichen Kirche akzeptiert wurde – vor allem aber auch als Ehrenzeichen für kirchliche und weltliche Würdenträger?
- ein wichtiger Weihrauchtag der katholischen Kirche danach der Vorabend des 6. Januars war und ist? Dies geht auf die Heiligen Drei Könige zurück, die dem Christuskind neben Gold und Myrrhe auch Weihrauch darbrachten.
- im Volksglauben die Räucherung mit Weihrauch gegen alle bösen Mächte sowie Hexen und Zauberer schützt und auch Reisende unter einen starken Schutz stellt (vor allem gegen Räuber)?
- Weihrauch noch heute von der katholischen Kirche bei Teufelsaustreibungen (Exorzismen) verwendet wird?
- auch die Chinesen Weihrauch verbrannten, ehe sie ihr traditionelles Orakelbuch – das I Ging – befragten?
- Weihrauch in den Schriften des griechischen Arztes Hippokrates (406-377 v.Chr.) zu den am meisten empfohlenen Arzneimitteln gehört?
- Weihrauchharz in der indischen ayurvedischen Medizin traditionell gegen entzündliche Erkrankungen eingesetzt wurde und wird?
- heute noch in Arabien und Ostafrika zu einer Kaffeezeremonie das Verräuchern von Weihrauchharz gehört?
- viele arabische Frauen das Weihrauchharz auch heute noch zur Depilation (Haarentfernung an Achseln, Beinen usw.) verwenden?
- in manchen südarabischen Gegenden die Frauen noch immer Weihrauch abbrennen, um sich auf den Geschlechtsakt vorzubereiten und ihre Fruchtbarkeit zu steigern?
- zahlreiche Parfüms eine Weihrauchkomponente enthalten? Dies hat seinen Grund einerseits in dem zarten und angenehmen Duft, andererseits aber auch darin, daß Weihrauch ein hervorragendes Fixativ ist, das den Duft anderer ätherischer Öle binden oder festhalten kann. Das älteste „moderne" Parfüm mit einer Weihrauchkomponente ist übrigens das berühmte „Jicky" der 20er Jahre.

Die Botanik des Weihrauchstrauches

Der Weihrauchstrauch oder -baum (botanischer Name: Boswellia) ist eine Gattung der Balsambaumgewächse. Boswellien kommen in den Trockengebieten Ost-Afrikas, auf der Arabischen Halbinsel und in Indien in über 20 Arten vor.

Balsambaumgewächse

Bei Balsambaumgewächsen (Burseraceae) handelt es sich um eine tropische Pflanzenfamilie mit 600 Arten in 20 Gattungen. Die dornigen Bäume oder Sträucher haben Harzgänge, aus denen die zum Teil sehr wertvollen Harze austreten. Als Nutzpflanzen sind vor allem Weihrauch und Myrrhe bekannt.

Die kleinen Bäume oder Dornsträucher werden bis zu 6 m hoch und haben eine papierartige Borke. Am Ende der Zweige tragen sie unpaarig gefiederte Blätter. Diese sind ganzrandig oder gekerbt-gesägt. Die weißlichen oder rötlichen zwittrigen Blüten stehen in zusammengesetzten Trauben. Sie haben fünfteilige Kronen und einen meist fünfzähligen Kelch. Darin befinden sich zehn Staubgefäße und ein Fruchtknoten mit einem Griffel und einer Narbe. Die Frucht ist eine dreikantige Steinfrucht. Verschiedene Arten liefern ein Harz, das als Weihrauch Verwendung findet.

Als Standort bevorzugen die Boswellien trockene und felsige Böden. In Nordostafrika und Südarabien wachsen sie sogar auf Berghängen ohne Bodenkrume oder in geschützten Wüstenschluchten. Feuchte Luft, wie sie beispielsweise an den Küsten vorherrscht, bekommt ihnen nicht. Wegen der trockenen Böden stehen die Bäume meist weit auseinander. Die Entfernung von einem Boswelliabaum zum anderen kann mitunter mehrere hundert Meter betragen. Die Bäume bilden breite und flache Wurzeln aus, mit denen sie das wenige Regenwasser optimal nutzen können.

Die Weihrauchharzgewinnung ist für viele Regionen ein wichtiger Wirtschaftsfaktor. Dennoch verfüttern die Beduinen die saftigen Blätter dieser Bäume gerne an ihre Ziegen und Kamele und verwenden die Äste außerdem auch als Brennholz. Dadurch wird der Bestand an Weihrauchbäumen in manchen Gebieten stark gefährdet – und damit eine lebenswichtige Einnahmequelle zahlreicher Menschen.

Die Weihrauchernte

In ihrem Standardwerk „Weihrauch und Myrrhe" berichten Martinetz, Lohs und Janzen sehr ausführlich über die Weihrauchernte. Die folgenden Absätze beziehen sich deshalb wesentlich auf diese Quelle.

In den Zwischenzellräumen der Weihrauchbäume bildet sich ein milchiger Saft, der beim Einschneiden der Stämme austritt. Das Einschneiden wird in den Monaten März und April durchgeführt. Die Arbeitstechniken und Geräte, die dabei verwendet werden, haben sich seit Jahrtausenden nicht verändert. Dem Stamm und den dickeren Ästen werden je nach Alter, Größe und Zustand etwa 10-30 Wundstellen zugefügt. Dazu wird ein spezielles Schabemesser benützt, dessen Handhabung große Geschicklichkeit erfordert. Die Sammler müssen die Struktur der harzführenden Schichten genau kennen: Schneiden sie nämlich zu tief, kann dies zu Verletzungen des Baumes führen und damit negative Auswirkungen auf Wachstum und Harzproduktion haben.
Die beim ersten Arbeitsvorgang austretende klebrig-milchige Flüssigkeit gerinnt nach einigen Tagen zu kleinen „Tränen". Diese werden beim zweiten Arbeitsvorgang, der nach etwa drei Wochen stattfindet, abgekratzt. Verwenden kann man dieses minderwertige Harz allerdings nicht – erst das danach austretende Harz ist von ausreichender Qualität. Es trocknet ebenfalls zu tränen- oder zapfenförmigen, gelblichen Klumpen ein. Nach etwa ein bis zwei Wochen wird es dann geerntet.
Dieser Vorgang wird in den folgenden Monaten alle paar Wochen wiederholt. Der Baum darf höchstens in drei aufeinanderfolgenden Jahren abgeerntet werden. Daraufhin tritt eine mehrjährige Ruhephase ein, in der er sich von den ständigen Eingriffen in sein Lebenssystem erholen kann.
Während einer Ernteperiode liefert ein Weihrauchbaum zwischen drei und zehn Kilo Harz. Die größte Menge liefern Bäume, die eine mehrjährige Erholungsphase hinter sich haben. Die Ernte ist sehr arbeitsintensiv. Erschwerend wirken zudem die klimatischen Bedingungen – vor allem die große Hitze – und die Gefährdung durch Raubkatzen und Giftschlangen. Der hohe Preis für Weihrauch ist deshalb nicht erstaunlich.

Die Weihraucherernte in früheren Zeiten

Viele Schriftsteller früherer Jahrhunderte berichten ausführlich über die Weihrauchernte. So erwähnt der römische Autor naturwissenschaftlicher Werke Plinius (23-79 n.Chr.) in seiner „Naturgeschichte", daß die etwa 3.000 Familien, die im damals bekannten afrikanisch-arabischen Bereich ernten durften, „heilig" waren. Das bedeutete unter anderem, daß die Männer während der Zeit, in der die Bäume geritzt wurden, weder sexuellen Verkehr haben noch an Beerdigungen teilnehmen durften, um sich (und damit den Weihrauch) nicht zu verunreinigen. Ein Gießener Professor, Michael Bernhard Valentini, schreibt in seinem 1704 in Frankfurt am Main erschienenen Buch „Museum Museori" ähnliches und bezieht sich dabei möglicherweise auf Plinius:
„Für heilig gehaltene Menschen sammeln den Weihrauch. Sie ritzen die Baumrinden und legen Matten und Decken unter die Bäume, damit der Weihrauch nicht verunreinigt wird. Es bleibt aber auch vieles an den Bäumen hängen – dies sei das allerbeste und wird ´Männlein´ genannt."
Der Glaube, daß der zapfenförmige, „männliche" Weihrauch von besserer Qualität sei, hat sich übrigens bis in unsere Zeit gehalten.

Die Weihraucharten

Heute unterscheidet man Weihrauchharz im wesentlichen nach zwei Herkunftsländern:

- **Olibanum (arabisches Harz)**
  Dieses kommt meistens aus Äthiopien, Eritrea oder Somalia und wird häufig von Kindern geerntet, die damit zum Unterhalt ihrer Familie beitragen. Aus dem Oman kommt das hochwertigste Weihrauchharz, für das allerdings ein entsprechender Preis gezahlt werden muß.
- **Salai Guggal (indisches Harz)**
  In Ostindien wird das Harz seit Jahrtausenden geerntet und für medizinische Zwecke verwendet. Salai Guggal war auch das erste Harz, das als Extrakt international Anwendung in der Heilkunde fand, unter anderem auch in Deutschland.

Bei vielen Weihraucharten ist die Herkunft unklar, vor allem auch deshalb, weil die verschiedenen Sorten untereinander vermischt werden. Häufig sind sie nach dem Ort benannt, an dem sie gehandelt werden, beispielsweise „Aden“ oder „Eritrea”. Weihrauchharz kann je nach Herkunft eine klare, karamelartige, braune oder schwarze Farbe aufweisen.

Die Heilkräfte des Weihrauchs

Die Wirkstoffe des Weihrauchs

Weihrauch ist ein Harz, das in verschiedenen Boswellia-Arten entsteht. Bereits der unversehrte Baum sammelt in der Rinde eine wäßrige Mischung, die die verschiedensten Substanzen enthält. Durch mechanische Verletzung der Pflanze werden die Harzgänge freigelegt und die Flüssigkeit tritt aus. Olibanum gehört zu den Gummiharzen, das heißt, es enthält neben den typischen Harzinhaltsstoffen und ätherischem Öl einen hohen Anteil an Polysacchariden (dabei handelt es sich um zusammengesetzte Kohlenhydrate, beispielsweise Zucker, Stärke und Zellulose).

Die Hauptinhaltsstoffe

Die Hauptinhaltsstoffe aus Boswellia serrata:
(nach Gildemeister und Hoffmann, 1959)

• Wasser	10–12%
• Harz	55–57%
• Gummi	20–23%
• ätherisches Öl	8–9%
• unlösliche Bestandteile	4–5%

Die wichtigsten Inhaltsstoffe enthält in unterschiedlicher Zusammensetzung das ätherische Öl:

- alpha-Pinen
- beta-Pinen
- d-alpha-Phellandren
- Camphen
- Limonen
- 1,8 Cineol
- Terpineol

Was bedeutet

- **Pinen** = ein Terpenkohlenwasserstoff (Terpentinöl), der farblos und flüssig ist und in der Kosmetik zur Herstellung von künstlichem Kampfer, Terpineol (fliederähnlicher Duft) und Isoborneolazetat (Koniferenduft) verwendet wird.
- **Phellandren** = ein Bestandteil zahlreicher natürlicher Duft- und Heilöle. Er ist außer im Weihrauch unter anderem auch in Kiefern-, Zimt-, Kampfer- und Pfefferminzöl enthalten.
- **Camphen** = ein in vielen ätherischen Ölen (unter anderem in Fichtennadel-, Terpentin- und Zitronellöl) vorkommender ungesättigter Terpenkohlenwasserstoff. Er wird vor allem als Riechstoff für technische Präparate verwendet.
- **Limonen** = ein ungesättigter Terpenkohlenwasserstoff mit zitronenartigem Geruch, der beispielsweise in Zitrus-, Fichtennadel- und Pfefferminzöl zu finden ist. Limonen wird zur Herstellung von Parfüms und als Riechstoff für Waschmittel verwendet.
- **Cineol** (auch Eulyptol genannt) = eine farblose, kampferähnlich riechende Substanz, die in zahlreichen ätherischen Ölen enthalten ist. Sie wird vor allem in Mundpflegemitteln und zur Inhalation bei Bronchialkatarrh verwendet.
- **Terpineol** = ein ungesättigter Terpenalkohol, der vor allem in der Parfümindustrie verwendet wird.

Natürlich sind im Weihrauch noch zahlreiche weitere Stoffe enthalten (Wissenschaftler schätzen 60 und mehr), die auf subtile Weise zusammenwirken, um die einzigartige Heilkraft des Weihrauchs zustande kommen zu lassen. Diese Wirkung nennt man Synergie. Dabei handelt es sich um das Zusammenwirken verschiedener Faktoren zu einer abgestimmten Gesamtleistung, wie wir diese beispielsweise auch beim Zusammenspiel der Muskeln bei Körperbewegungen kennen.

Synergie spielt bei allen ätherischen Ölen eine wichtige Rolle. Dabei trägt immer die einzigartige Ausgewogenheit der Bestandteile zur Gesamtwirkung bei – so, wie sie nur in der Natur vorkommen kann. Das macht auch verständlich, warum synthetisch hergestellte Produkte oder sogenannte „naturidentische“ Öle nie an die natürlich erzeugten Öle heranreichen können. Es ist äußerst schwierig, über die Isolierung einzelner Wirkstoffe und den künstlichen Nachbau hinaus die komplizierte und mannigfaltige Mischung natürlich vorkommender Komponenten synthetisch nachzuahmen. Diesem wunderbaren natürlichen Zusammenspiel verdankt auch der Weihrauch seine Heilkräfte, die von den Ärzten der Antike und vor allem von der Ayurveda-Medizin geschätzt wurden und heute auch in der modernen Wissenschaft ihre Bestätigung finden.

Die Wirkungen des Weihrauchs

Im Weihrauch finden sich in den ätherlöslichen Bestandteilen auch die Boswelliasäuren, von denen wir heute wissen, daß sie die Biosynthese von entzündungsverursachenden Botenstoffen hemmen können.
Bereits 1898, also vor über hundert Jahren, berichtete O.Halbey in seiner für die Universität Bern erarbeitete Dissertation „Über das Olibanum", daß das Weihrauchharz etwa 33 Prozent einer kristallisierenden Säure (Boswellinsäure) enthält. 1978 konnten durch Extraktion und Ausfällung verschiedene Boswelliasäuren aus dem Harz isoliert und in reiner Form gewonnen werden. Inzwischen gibt es 14 in reiner Form vorkommende Ableitungen der Boswelliasäuren, die als Extrakte medizinisch verwendet werden, beispielsweise auch in den in diesem Buch angegebenen Präparaten.

Weihrauch wirkt schmerzlindernd

Die schmerzstillenden (analgetischen) Eigenschaften des Weihrauchs wurden bereits in der Antike eingesetzt und haben eine lange Tradition in der indischen Ayurveda-Medizin. Viele Patienten haben bereits positive Erfahrungen mit der Weihrauchtherapie gemacht – vor allem Menschen, die an Rheuma- oder Arthritisbeschwerden leiden.

Weihrauch wirkt beruhigend

Die beruhigende (sedierende) Wirkung des Weihrauchs wurde in der Antike vor allem in der Aromatherapie eingesetzt. Die moderne Aromatherapie schließt an diese Tradition an. Ein wichtiger Gesichtspunkt dabei ist, daß Weihrauch zwar beruhigt, aber nicht müde macht, sondern im Gegenteil zur Gedankenklarheit führt. Außerdem wirkt Weihrauch gemütsaufhellend, kann also auch bei mit Nervosität einhergehenden depressiven Zuständen verwendet werden.

Leukotriene und Prostaglandine

Leukotriene und Prostaglandine – Botenstoffe für Entzündung und Schmerz

Die schmerzlindernde Wirkung des Weihrauchs wird seit einiger Zeit wissenchaftlich sehr sorgfältig untersucht. Dabei wurde festgestellt, daß der Weihrauch gezielt Leukotriene beeinflussen und dadurch zu einem besseren Allgemeinbefinden der Patienten führen kann.

Schmerzen werden meist durch sogenannte Entzündungsmediatoren ausgelöst und in Gang gehalten. Auslöser sind die Prostaglandine, die in fast allen Geweben und Körperflüssigkeiten nachweisbar sind. Sie werden aus der Arachidonsäure – beispielsweise im Rahmen einer Entzündung – gebildet. Schon in geringsten Konzentrationen können sie vielfältige Wirkungen haben: Störungen der Durchblutung und der Drüsenfunktionen, Blutdruckschwankungen, Schmerzen usw. Im Grunde sind Prostaglandine Schutzfaktoren, eine vermehrte Bildung kann jedoch den Zustand eines Patienten verschlechtern.

Um die Prostaglandinsynthese im Körper zu hemmen und so Entzündungen und Schmerzen zu lindern, werden meistens nichtsteroidale Antiphlogistika, Antirheumatika und Corticosteroide verabreicht. Die letzteren hemmen zwar die Bildung von Prostaglandinen und Leukotrienen, aber sie haben bei längerer Anwendung auch schwere Nebenwirkungen. Bei Weihrauchpräparaten tauchen diese Nebenwirkungen nicht auf.

Bei den Leukotrienen handelt es sich um den Prostaglandinen nahestehende Gewebshormone. Auch sie entstehen aus Arachidonsäure und können bereits in geringsten Mengen allergische Reaktionen und Entzündungen hervorrufen.

Weihrauch wird inzwischen als Ersatz für Cortison und Schmerzmittel (Analgetika) erprobt und auch erfolgreich eingesetzt. Nähere Informationen zu dieser Thematik, die inzwischen durch viele klinische Forschungen im In- und Ausland dokumentiert ist, finden Sie in dem Buch von Kluge und Fernando „Weihrauch und seine heilende Wirkung".

Weihrauch wirkt entzündungshemmend

Die entzündungshemmenden (antiinflammatorischen) Eigenschaften des Weihrauchs wurden in der Antike hauptsächlich zur äußeren Wundheilung genutzt. Heute weiß man, daß die innere Anwendung auch Entzündungen der inneren Organe lindern und mitunter sogar heilen kann. In diesem Zusammenhang sind die Erfolge bei der Therapie von Tumoren und den damit verbundenen Ödemen besonders interessant.

Weihrauch wirkt leberschützend

Die leberschützende (hepatoprotektive) Wirkung des Weihrauchs ist bei allen Lebererkrankungen von Bedeutung, auch bei solchen, die durch Alkoholmißbrauch hervorgerufen wurden (Leberzirrhose). Durch den Weihrauch kann die Bauchspeicheldrüse, die ja eng mit der Leber zusammenarbeitet, ebenfalls geschützt werden.

Weihrauch wirkt antimikrobiell

Bei Mikroben handelt es sich vor allem um Pilze oder andere krankheitserregende Einzeller, die so winzig sind, daß man sie nur unter dem Mikroskop erkennen kann. Weihrauch kann auch bei durch Mikroben verursachte Erkrankungen als Heilmittel oder zur Unterstützung der ärztlich verordneten Therapie eingesetzt werden.

Weihrauch unterstützt das körpereigene Immunsystem

Durch Weihrauch wird die Immunreaktion des Körpers positiv beeinflußt. Dies ist vor allem bei Autoimmunkrankheiten von Bedeutung, das heißt bei Krankheiten, bei denen körpereigene Antikörper gegen die eigenen Blutkörperchen wirken und Krankheiten verursachen. So kann Weihrauch beispielsweise als Ergänzung zur herkömmlichen Therapie bei der Krebsbehandlung angewandt werden. Chemo- und Strahlentherapie sind häufig mit erheblichen Nebenwirkungen verbunden. Diese bestehen vor allem in einer allgemeinen Schwächung der Abwehr gegen Infektionskrankheiten, auch gegenüber im Körper vorhandenen Erregern, Verzögerung der Wundheilung, Störung der Blutbildung und einem erhöhten Risiko des Auftretens bösartiger Geschwulste. Diese Nebenwirkungen sind bei Weihrauch bis heute nicht festgestellt worden.

Diese Krankheiten können mit Weihrauch behandelt werden:

- Allergien
- Arthritis
- Asthma
- Bauchspeicheldrüsenentzündung
- Bechterewsche Krankheit
- Darmerkrankungen
- Morbus Crohn
- Colitis ulcerosa
- Frauenleiden
- Grippale Infekte
- Harnwegsinfektionen
- Hauterkrankungen
- Hirntumore und Hirnödeme
- Kehlkopfentzündung
- Kopfschmerzen
- Leberzirrhose
- Lymearthritis
- Mukoviszidose
- Muskelentzündung
- Nervosität
- Ohrenbeschwerden
- Rheumatische Erkrankungen
- Rückenschmerzen
- Schuppenflechte
- Wirbelentzündung
- Wundbehandlunmg
- Zahnfleischentzündung

Dr. R. Charles Fernando

Therapie-Erfahrungen: Klinische Patientenstudien mit Weihrauch

Damit Weihrauch tatsächlich den Sprung vom traditionellen Naturheilmittel zum anerkannten zulassungsfähigen Arzneistoff schaffen kann, müssen klinische Prüfungen vorliegen. Bis dato weisen alle Studien darauf hin, daß Weihrauch ein außerordentliches Therapiegut zur Behandlung verschiedenster entzündlicher Erkrankungen darstellt. Bedauerlicherweise sind die wenigsten der genannten Studien und Therapieerfahrungen veröffentlicht. Die meisten wurden in Indien durchgeführt und entsprechen nicht den hier geltenden Anforderungen an eine klinische Studie. Klinische Studien nach sogenannten GCP-Regeln (Good clinical practice), welche nach internationalen Kriterien durchgeführt werden, sind erforderlich, um die Wirksamkeit und Unbedenklichkeit von Arzneimitteln zu sichern.

In Zusammenarbeit mit Prof. Dr. Dr. H. Kiesewetter, Ärztlicher Direktor am Universitätsklinikum Charité, Berlin, laufen seit Juli 1999 drei randomisierte, doppelblinde, placebokontrollierte Crossover Phase II Studien (GCP-Richtlinien). Alle Studien wurden der Ethik-Kommission der Charité vorgelegt und ohne Auflagen angenommen. Studienplanbeauftragter ist Dr. R. C. Fernando. Die Patienten erhalten nach Vorlauf einer zweiwöchigen Run-in-Phase in einer ersten Prüfphase über 6 Wochen parallel zur unveränderten Basistherapie doppelblind entweder Olibanum Weihrauch Kapseln oder Placebo. Am Ende dieser Phase erfolgt in einer Kontrolluntersuchung die Bestimmung der in der Eingangsuntersuchung erhobenen Größen und Parameter. Danach schließt sich eine vierwöchige Wash-out-Phase an, in der der Patient keine Studienmedikation erhält. Die Basistherapie läuft unverändert weiter. Am Ende dieser Phase erfolgt im Sinne einer Eingangsuntersuchung für die zweite Prüfphase erneut die Bestimmung der zu Beginn erhobenen Größen und Parameter. Es vollzieht sich nun das crossing over, d.h. die Patienten erhalten in einer zweiten sechswöchigen Prüfphase jeweils das Präparat (Weihrauch oder Placebo), das sie in der ersten Prüfphase nicht hatten. Am Ende dieser Phase erfolgt wieder eine Kontrolluntersuchung wie oben angegeben. Bei allen Studien interessiert uns insbesondere, ob sich eine Dosisreduktion der Basistherapeutika erzielen läßt, und ob es zu einem Rückgang der Entzündungsparameter kommt (Laboruntersuchungen).

1. Wirksamkeit und Verträglichkeit von Olibanum Weihrauch Kapseln nach Dr. Fernando bei Patienten mit chronischer Polyarthritis

Studienleitung: Prof. Dr. G.-R. Burmester (Medizinische Klinik mit SP Rheumatologie und Klinische Immunologie, Universitätsklinikum Charité Berlin) und Prof. Dr. Dr. H. Kiesewetter (Institut für Transfusionsmedizin, Universitätsklinikum Charité Berlin).

Als Probanden werden Patienten mit chronischer Polyarthritis eingeschlossen, die trotz konsequenter und ausdosierter Basistherapie weiterhin Beschwerden wie Gelenkschwellungen, Morgensteifigkeit und Gelenkschmerzen haben. Das Ausmaß der Beschwerden geschieht über die Erfassung der Anzahl und Lokalisation der schmerzhaften bzw. geschwollenen Gelenke sowie über Angaben zum subjektiven Schmerzempfinden in Form eines relativen Scores (z.B. „sehr stark“ bis „keine") bezogen auf die einzelnen Gelenkregionen. Des weiteren wird der Patient aufgefordert, die Intensität der Beschwerden nach Behandlung mit dem Prüfpräparat im Vergleich zur Ausgangssituation zu beurteilen.

2. Wirksamkeit und Verträglichkeit von Olibanum Weihrauch Kapseln nach Dr. Fernando bei Patienten mit Migräne

Studienleitung: Prof. Dr. Dr. H. Kiesewetter (Institut für Transfusionsmedizin, Universitätsklinikum Charité Berlin).

Als Probanden werden Patienten mit Migräne eingeschlossen, die trotz konsequenter und ausdosierter Basistherapie weiterhin Beschwerden haben. Die pathophysiologischen Zusammenhänge beim Krankheitsbild Migräne sind sehr komplex. Neben neurovaskulären Mechanismen (Gefäßdilatationen) scheinen auch molekulare Mechanismen im Sinne einer neurogenen sterilen Entzündung eine tragende Rolle zu spielen. Vor diesem Hintergrund ist eine positive Beeinflussung der Migräne durch entzündungshemmend wirksame Substanzen denkbar.

3. Wirksamkeit und Verträglichkeit von Olibanum Weihrauch Kapseln nach Dr. Fernando bei Patienten mit Asthma bronchiale

Prof. Dr. Dr. H. Kiesewetter (Institut für Transfusionsmedizin, Universitätsklinikum Charité Berlin).

Als Probanden werden Patienten mit Asthma bronchiale eingeschlossen, die trotz konsequenter und ausdosierter Basistherapie weiterhin Beschwerden wie Atemnot bzw. Asthmaanfällen haben. Bisher konnte gezeigt werden, daß durch Hemmung des 5-Lipoxygenase Enzyms, das zu den Leukotrienen führt, die Brochokonstriktionen durch unterschiedliche Stimuli (Allergene, körperliche Anstrengung, Kaltluft) verhindert und die Symptome und Lungenfunktion bei Asthma bronchiale verbessert werden können.

Alle drei Studien werden durch Einzelfallbeobachtungen in Arztpraxen bei chronischer Polyarthritis, Migräne und Asthma bronchiale objektiviert.
Es ist evident, daß die aus diesen klinischen Prüfungen resultierenden Ergebnisse nicht ausreichen, um Zulassungsbehörden von der Wirksamkeit und Unbedenklichkeit zu überzeugen. Sie sollen vielmehr dazu ermutigen, weitere Untersuchungen bei anderen Erkrankungen anzustreben. Dies um so mehr, da davon auszugehen ist, daß von den Inhaltsstoffen, Boswelliasäuren in Weihrauch, keine so schwerwiegende Nebenwirkungen wie bei den klassischen Antiphlogistika auftreten.

Gold

Geschichte und Geschichten

Wußten Sie, daß ...

- das Wort Gold aus dem Althochdeutschen stammt und „das Glänzende", „das Blanke" bedeutet?
- Gold eines der ersten Zahlungsmittel war? Im Deutschen dokumentiert sich dies in Wortverwandtschaften wie beispielsweise: Geld, Gulden, Geltungsbedürfnis.
- Gold neben Kupfer zu den ältesten vom Menschen benutzten Metallen gehört? Die früheste Erwähnung des Goldes findet sich in den indischen Veden, die bis ins 4. vorchristliche Jahrtausend zurückgehen.
- Gold in der Antike und im Mittelalter als verjüngendes und lebensverlängerndes Mittel galt?
- der menschliche Körper Gold als Spurenelement enthält? Pro Tag wird etwa ein Milligramm Gold ausgeschieden.
- auch verschiedene Pflanzen Gold als Spurenelement enthalten? Dies gilt vor allem für den Weizen.
- die Alchimisten über Jahrhunderte hinweg immer wieder erfolglos versuchten, aus den verschiedensten Stoffen (u.a. Blei und Quecksilber) unter Mithilfe des legendären „Steins der Weisen" Gold herzustellen? Wenn auch die chemische Umwandlung anderer Metalle in Gold nicht möglich ist, so verdankt doch die Chemie diesen vergeblichen Bemühungen manche brauchbare Entdeckung.
- Gold in vielen Märchen und Sagen (man denke an das Nibelungenlied und das „Rheingold") eine wichtige Rolle spielt? In der nordischen Sagenwelt hat Odins Pferd eine goldene Mähne und Freyas Eber goldene Borsten.
- daß es aufgrund der riesigen Goldfunde in den Kolonien Süd- und Mittelamerikas im 16. Jahrhundert in Spanien zu einer massiven Inflation kam?
- die indischen Großmogule ihren Reis vergoldeten? Dieses Rezept ist bei den Reichen Indiens heute noch üblich. In Japan werden übrigens auch Nudeln mit hochkarätigem Gold bestäubt.

Gold und Gewalt

Immer war Gold mit Gewalt verknüpft, weil – wie es ja auch bei Goethe heißt – jeder „zum Golde drängt". Schon in der altgermanischen Mythologie lesen wir in der „Edda":
„Wohl kannt´ ich das Kriegsleid, das kam in die Welten,
Seit Goldesmasse die Götter zuerst
In Streitvaters Halle stießen und schmolzen."
In geschichtlicher Zeit sind Ausbeutung und Gewalttätigkeit vor allem bei der Ausplünderung der südamerikanischem Kolonien Spaniens und während des Goldrausches in Kalifornien und Australien sowie in Südafrika dokumentiert.

- auch bei uns früher Golddukaten in der Hühnersuppe mitgekocht wurden, weil dieses Rezept gegen Ruhr helfen sollte?
- im Mittelalter Heilkräuter nur mit Goldsicheln geschnitten werden durften? Dies galt vor allem für die Mistel, die besonders bei den Kelten in hohem Ansehen stand.
- in Deutschland auch heute noch Gold gefunden wird (vor allem in der Donau und im Rhein)? Allerdings lohnt sich die kommerzielle Ausbeutung des Flußgoldes wegen des mühsamen Verfahrens nicht mehr. Dafür gibt es inzwischen Ferienangebote für Goldwäscher, die den gefundenen Schatz selbstverständlich mit nach Hause nehmen dürfen.
- Gold heute nicht mehr als Währungsdeckung gilt und deshalb zunehmend an (materiellem) Wert verliert?
- in Deutschland immer noch mehr Gold im Mund (als Zahngold) denn auf der Haut (als Schmuck) getragen wird? Man schätzt das Zahngold der Bundesbürger zur Zeit auf etwa 25 Tonnen.

Paracelsus

Der berühmte Arzt und Naturforscher Paracelsus (1493–1541) schrieb über das Gold: „Das Gold hat die Natur des Feuers. Es trägt die Sonnenenergie, befeuert den Lebensgeist, kräftigt Herz und Geblüt, fördert das Wachstum und verleiht Größe und Stärke. Gold trägt auch die Wärme, die alles reifen macht."
„Das Herz ist die Sonne des Mikrokosmos, ein Ergebnis des Goldes, es nährt sich von ihm. Wie die Sonne auf die Erde wirkt, so wirkt das Herz auf den Leib."

Was ist Gold?

Gold (chemisches Symbol: Au) ist ein chemisches Element. Es ist das weichste aller festen Metalle und zugleich das schwerste: Es ist dreimal schwerer als Eisen und zwanzigmal schwerer als Wasser – Tatsachen, die besonders für das Goldwaschen wichtig sind. Es ist rötlichgelb, sehr weich und dehnbar und daher auch leicht zu bearbeiten. Es kann zu sehr dünnen Drähten ausgezogen und zu dünnen Folien (Blattgold) verarbeitet werden. Gold ist nämlich so dehnbar, daß es sich zu Blättchen von 1/10.000 mm Dicke ausschlagen läßt. Das bedeutet: 10.000 solcher Blättchen machen – aufeinander gelegt – nur einen Millimeter aus!
Gold ist ein typisches Edelmetall und daher sehr reaktionsträge. Luft, Säuren und Alkalien können es nicht angreifen – es kann nur von Königswasser und von Cyanidlösungen gelöst werden.

Königswasser

Königswasser besteht aus einer Mischung von konzentrierter Salzsäure und konzentrierter Salpetersäure. Es löst fast alle Metalle, auch Gold, den „König der Metalle".

Weil Gold so weich und verformbar ist, verarbeitet man es zum Gebrauch mit Anteilen von Silber oder Kupfer. Der Gehalt an Gold wurde früher in Karat (reines Gold = 24 Karat) angegeben. Gegenwärtig gilt die Angabe in pro Mille. So enthält ein Schmuckstück mit der eingestempelten Zahl 585 in 1000 Teilen der Legierung 585 Teile reines Gold, das sind 58,5 Prozent oder 14 Karat.

Hildegard von Bingen

Hildegard von Bingen schreibt in ihrem großen naturwissenschaftlichen Werk „Physica" über das Gold:
„Das Gold ist warm und hat eine gewisse Natur wie die Sonne und ist sozusagen von der Luft, und es hat die Röte vom Feuer, und es ist auch von der feuchten Luft."
Interessanterweise erwähnt sie auch den gleichzeitigen Gebrauch von Gold und Myrrhe gegen Depressionen:
„Wer Myrrhe bei sich hat, trage gleichzeitig gebranntes Gold auf sich, weil dieses den Sinn des Menschen froh macht."

Lagerstätten des Goldes

Gold kommt in der Natur fast nur gediegen vor, ist allerdings nur selten rein. Am häufigsten ist dem Gold Silber beigemengt, aber auch Kupfer, Eisen und andere Metalle. Der mittlere Goldgehalt der Erdkruste liegt bei nur 0,005 g pro Tonne. Eine abbauwürdige Lagerstätte muß deshalb erheblich angereichert sein. Je nach der Art des Vorkommens unterscheidet man zwischen Berg-Gold und Seifen-Gold.

Berggold

Das in Quarzgängen unter der Erdoberfläche versprengte Gold reicherte sich nach der Erstarrung des Granit-Tiefengesteins in wäßrigen Restschmelzen des Magmas an. Solche Lagerstätten findet man vor allem in Kalifornien (dort gibt es ein 200 km langes Gangsystem), im Ural und in Australien. Aber auch in Mexiko, in West-Sumatra, in den Karpaten und in Siebenbürgen gibt es reiche Vorkommen an Berggold.

Seifengold

Dieses entsteht durch Verwitterung goldhaltiger Gesteine und Anreicherung der schweren Goldpartikel zusammen mit anderen Schwermineralen, die in den Sand von Flüssen absinken. Man findet das Seifengold als feinen Staub oder in Form von Blättchen, Körnern oder auch größeren Klumpen, den „Nuggets". (Der größte Fund dieser Art wurde in Australien gemacht – der Goldklumpen wog 236 kg!). Hauptfundstätten sind Flüsse in Kalifornien, Sibirien, Australien und vor allem Südafrika, woher über die Hälfte allen geförderten Goldes der Erde stammt.

Milliarden-schätze im Meer

Auch im Meerwasser ist Gold enthalten – etwa 0,01 mg pro Kubikmeter. Der Gesamtgoldgehalt der Meere beträgt also ungefähr acht Milliarden Tonnen! Allerdings wäre eine Gewinnung von Gold aus Meerwasser unrentabel.

Die Goldgewinnung

Es gibt verschiedene Verfahren zur Goldgewinnung:

- Das älteste und einfachste Verfahren ist das „**Goldwaschen**", wobei Seifengold aus Flußsand gewonnen wird. Aufgrund seiner hohen Dichte wird das Gold vom leichteren Begleitgestein durch wiederholtes Aufschlämmen und Absetzenlassen in Wasser getrennt. Nach diesem Verfahren wird auch heute noch gearbeitet.
- Ein weiteres älteres Verfahren ist die **Amalgamation**. Dabei handelt es sich um ein Anreicherungsverfahren, wobei das Gold über quecksilberbeschichtete Platten geleitet wird. Dabei bilden sich Amalgame (Legierungen), aus denen durch Erhitzen Gold gewonnen wird. Vom 16. bis Ende des 19. Jahrhunderts war dies das wichtigste Goldgewinnungsverfahren. Heute wird es meist in Verbindung mit einer nachfolgenden Cyanidlaugung angewendet.
- Die **Cyanidlaugung** wurde um 1890 entwickelt. Das Gold wird dabei aus dem fein gemahlenen Gestein durch Natrium- oder Kaliumcyanidlösungen gelöst und anschließend durch die Zugabe von Zinkstaub oder Aluminiumpulver ausgefällt.
- Erhebliche Goldmengen werden aus **Anodenschlamm** gewonnen, der beispielsweise bei der elektrolytischen Reinigung von Kupfer anfällt.
- Große Bedeutung hat auch die Rückgewinnung von Gold aus **Altmaterialien**, vor allem aus dem technischen Bereich.

Die Heilkräfte des Goldes

Gold wurde von alters her mit der Sonne in Verbindung gebracht, die auch die Herzkräfte regiert. Deshalb wurde es schon früh als Herzmittel verordnet – eine Therapie, die heute noch von homöopathischen Ärzten mit Erfolg angewendet wird. Ein Überbleibsel der althergebrachten Behandlung ist übrigens das „Danziger Goldwasser", ein Likör, in dem feine Blattgoldstückchen schwimmen. Das Tragen von Goldschmuck sollte vor Ansteckung schützen, als Blattgold wurde es auch innerlich verabreicht. Äußerlich wurde es auf Wunden aufgelegt.

Man sollte diese alten Bräuche nicht einfach als Aberglauben abtun. Wie so oft steckt auch hier ein Stück Wahrheit in der Volksmedizin, denn heute weiß man, daß Gold - obwohl es im gewöhnlichen Sinne in Wasser nicht löslich ist - dennoch spurenweise in Lösung geht, auch in der Körperflüssigkeit. Diese Spuren können genügen, um gewisse Arten von Mikroben abzutöten.

Mit Aurum solubile behandelte Paracelsus (1493-1541) Syphilis und Aussatz. Der französische Arzt I.A.Chrestien (1758-1840) gab Goldchlorid und Goldzyanid bei Tuberkulose. Diese Therapien gerieten in Vergessenheit und kamen erst allmählich zum Teil wieder auf, nachdem Robert Koch (1843-1910) eine wissenschaftlich gesicherte Grundlage für die Bekämpfung von Infektionskrankheiten geschaffen hatte. So stellte er unter anderem fest, daß das Wachstum von Tuberkelbazillen durch sehr verdünnte Lösungen von Goldzyanverbindungen im Reagensglas verhindert wird. Obwohl ein klinischer Erfolg mit diesen Versuchen nicht verbunden war, gaben sie doch die Anregung zu weiterer Forschung mit Hilfe der von Koch entwickelten neuen Methoden. 1913 wurde von Erfolgen der Goldtherapie bei äußerer Tuberkulose berichtet, später wurden Goldpräparate bei rheumatischen Erkrankungen, bei Syphilis, Lungen- und Augentuberkulose angewendet.

Noch heute wird die Goldtherapie - in Form von Injektionen oder oral verabreicht - bei Arthritis, Bronchialasthma und rheumatischen Erkrankungen eingesetzt. Allerdings birgt die Behandlung mit Gold und Goldverbindungen vor allem in hoher Konzentration viele Gefahren. Neben körperlichen Nebenwirkungen (Schädigung von Haut, Nieren, Knochenmark) kann es auch zu seelischen Auswirkungen kommen, beispielsweise zu Depressionen bis hin zur Selbstmordneigung. Möglicherweise gibt es einen Zusammenhang zwischen den früher bei rheumatischen Erkrankungen häufig verordneten Injektionen von Goldverbindungen und den bei solchen Patienten vermehrt auftretenden Depressionen. Aus diesen Gründen ist bei einer schulmedizinischen Anwendung der Goldtherapie eine regelmäßige Kontrolle des Blutbildes, der Haut und der festen Bestandteile des Urins unerläßlich. Bei Überempfindlichkeitserscheinungen muß die Goldtherapie sofort abgesetzt werden! Die Gefahr ist deshalb besonders groß, weil Gold monate- und jahrelang im Organismus gespeichert wird, vor allem in Milz, Nieren und Leber. Besser als Injektionen mit Goldsalzen ist die orale

Verabreichung, die zwar länger dauert, aber weniger schädigende Nebenwirkungen zeigt.

Gold in der Homöopathie

Der Chemiker und Apotheker Samuel Hahnemann (1755–1843) ist der Begründer der Homöopathie. Diese beruht auf dem Grundsatz, dasjenige Heilmittel in sehr kleinen Gaben anzuwenden, das „eine andre, möglichst ähnliche Krankheit zu erregen imstande ist". Hahnemann ging von der Annahme aus, daß schwache und mittlere Reize die Lebenstätigkeit anfachen und fördern, starke und stärkste Reize sie dagegen hemmen und aufheben. Deshalb dürfen zur Behandlung von Krankheiten nur solche Medikamente in niedrigen Dosen verabreicht werden, die in höheren Dosen ein ähnliches Krankheitsbild hervorrufen. Die Verabreichung der Arzneimittel erfolgt in sehr starken Verdünnungen (Potenzen), die mit D (Dezimalpotenz) bezeichnet werden. Obwohl bei hohen Potenzen der Originalwirkstoff kaum noch meßbar ist, ist er nach Erkenntnissen der Homöopathie gerade dann am wirksamsten! Nebenwirkungen sind durch den hohen Verdünnungsgrad (besonders bei hochgiftigen Substanzen wie Metallen oder beispielsweise Belladonna und Zaunrübe) auf ein Minimum reduziert.

Das homöopathische Prinzip, nach dem Gleiches mit Gleichem geheilt wird, setzt Gold und mit Gold kombinierte Präparate zur Behebung vor allem psychischer Störungen (Depressionen, Minderwertigkeitsgefühle, Ängste usw.) ein. Dazu schrieb Hahnemann in seinem 1835 erschienenen Buch „Chronische Krankheiten":

„Vorzüglich erwies sich das Gold bisher in chronischen Krankheiten, wenn dabei folgende Beschwerden zugegen waren: Hypochondrie, Melancholie, Lebensüberdruß, Neigung zu Selbstmord, Blutandrang nach dem Kopf, Knochenfraß. In Nasen- und Gaumenknochen, Zahnschmerzen, Leistenbruch, Hodenverhärtung, Uterusvorfall und -verhärtung, Blutandrang zur Brust, Brustbeklemmungen, Knochenschmerzen, Gichtknoten und bewußtloses Niederfallen mit Blauwerden im Gesicht."

Homöopathische Medizin

Die homöopathische Medizin behandelt mit Goldpräparaten vor allem die folgenden Erkrankungen:

- Arthrose
- Nervosität
- Prostatabeschwerden
- Schilddrüsenüberfunktion
- Zerebralsklerose

Darüber hinaus setzt die anthroposophisch erweiterte Medizin, die sich ebenfalls homöopathischer Mittel bedient, das Gold auch bei den folgenden Leiden ein:

- Bluthochdruck
- Gürtelrose
- Herzbeschwerden

„(Gold) bewirkt eine Harmonisierung der Herztätigkeit und vermittelt zwischen Aufbauprozessen und abbauenden Sinnes-Nervenprozessen. Es befeuert und durchlichtet die Seele und bringt die Seelenkräfte ins Gleichgewicht. Durch seine ausgleichende Funktion ist Gold auch der Träger der Ich-Organisation des Menschen", schreibt dazu Eckehard Wagner in den anthroposophisch orientierten Weleda-Nachrichten.
Hier handelt es sich häufig um Kombinationspräparate, die Weihrauch, Gold und Myrrhe entweder zusammen enthalten, oder in denen die einzelnen Wirkstoffe mit Pflanzenauszügen kombiniert werden. Die anthroposophisch erweiterte Medizin geht von einem ganzheitlichen Menschenbild aus, wobei Geist, Seele und Körper gleichermaßen einbezogen werden.
Hinweise zur Verwendung der Präparate finden Sie unter dem entsprechenden Stichwort im Kapitel „Krankheiten und ihre Behandlung mit Weihrauch, Myrrhe und Gold".
Die Praxis hat gezeigt, daß es gelegentlich einige Tage dauern kann, bis die einmalige Einnahme von Aurum wirksam wird. Ist der Erfolg erst einmal eingetreten, so erübrigt sich eine häufigere Verabreichung des Mittels, da Gold recht nachhaltig wirkt.

Gold in der Hildegard-Medizin

Hildegard von Bingen war nicht nur eine berühmte Äbtissin und Seherin, die sogar Kaisern und Päpsten Rat erteilte, sondern auch eine der ersten Naturforscherinnen und Ärztinnen. Ihre Rezeptanweisungen, die teils auf den Traditionen der Volksheilkunde, teils auf eigenen Forschungen und teils auch auf der eng mit Magie verknüpften mittelalterlichen Gedankenwelt beruhen, sind heute – in zeitgemäßer Form – zu einem Bestandteil der Naturheilkunde geworden. Gold verwendete Hildegard von Bingen hauptsächlich in den sogenannten Goldkeksen und in einem Medizinalwein. Beides ist im Handel erhältlich, kann aber auch selbst hergestellt werden.

Hildegard von Bingen

Hauptsächlich behandelte Hildegard von Bingen mit Gold die folgenden Krankheiten:

- Arthritis
- Darmerkrankungen
- Gicht
- Magenerkrankungen
- Nervosität
- Rheumatische Erkrankungen.

Die Rezepte finden Sie unter den entsprechenden Stichworten.

Gold im Mund

Wann das Füllen von Zähnen mit Gold erfunden wurde, steht nicht fest. Funde aus etruskischen Gräbern zeigen aber, daß man schon im 10. Jahrhundert v.Chr. lockere Zähne durch Streifen und Brücken aus Feingold stützte. Um 1450 erwähnt der italienische Arzt Giovanni d`Arcole Goldfüllungen, ohne sie als eine Neuheit zu bezeichnen. 1840 beobachtete der New Yorker Zahnarzt A. Westcott, daß manche Goldblättchen, wenn sie nicht durch Papierlagen getrennt sind, sich zu einer festen Masse vereinigen. Damit hatte er die Adhäsionskraft der Goldfolie entdeckt. Ein anderer Zahnarzt, R. Arthur aus Baltimore, fand 1855, daß kurzes Ausglühen diese Eigenschaft verstärkt. C. F. Jackson stellte 1846 durch Umkristallisieren von Gold aus Amalgam die moosartig verfilzten Goldkristalle her, die man Schwamm- oder Kristallgold nennt. Von nun an plombierte man Zähne mit Gold.

Myrrhe

Geschichte und Geschichten

Wußten Sie, daß …

- schon die älteste uns erhaltene Dichtung, das Gilgamesch-Epos (es entstand um 1700 v. Chr.), erzählt, daß der altbabylonische Noah, Upanischtim, zum Dank für seine Rettung vor der Sintflut neben Zedernholz auch Myrrhe verbrannte? „Und angenehm stieg den Göttern der Duft in die Nase", heißt es wörtlich.
- bereits in Mesopotamien die Myrrhe zur Behandlung zahlreicher Krankheiten - beispielsweise Kopfschmerzen, Schwindel, schmerzhaftes Wasserlassen und Wunden - verwendet wurde?
- die alten Ägypter in Heliopolis als Teil ihres Sonnenkultes jeden Tag zur Mittagszeit Myrrhe verbrannten?
- zur Einbalsamierung ägyptischer Würdenträger in großen Mengen Myrrhe verwendet wurde - vor allem, um damit den Magen zu füllen? Die Juden übernahmen später diese Technik der Einbalsamierung. Dem Johannes-Evangelium zufolge wurde auch der Leichnam Jesu einbalsamiert: Nikodemus kam „und brachte Myrrhe und Aloe untereinander bei hundert Pfund. Da nahmen sie den Leichnam Jesu und banden ihn in leinene Tücher mit den Spezereien, wie die Juden pflegen zu begraben." (Johannes-Evangelium 19,39,40)
- die Frauen, die dem Harem des Perserkönigs Xerxes (in der Bibel Ahasver genannt, 519-465 v.Chr.) zugeführt wurden, zuvor eine einjährige Schönheitspflege durchzumachen hatten - davon sechs Monate mit Balsam und Myrrhe? (Buch Esther 2,12) Auch die Sulamith im Hohelied Salomos (5,5) erwähnt die Myrrhe: „Da stand ich auf, daß ich meinem Freund auftäte; meine Hände troffen von Myrrhe und meine Finger von fließender Myrrhe an dem Riegel am Schloß."
- die Perser auf ihrem Zug gegen Griechenland (490-448 v.Chr.) hervorragenden griechischen Kriegern, die in persische Gefangenschaft gerieten, die Wunden mit Myrrhe und Byssos (ein schleierartiges Gewebe aus feinen Leinenfäden) verbanden?
- Myrrhe ein wichtiger Bestandteil des heiligen Salböls war, mit dem Prie-

ster und Könige schon in den frühesten orientalischen Hochkulturen und auch im alten Israel bei ihrem Amtsantritt feierlich gesalbt wurden?

- die Myrrhe schon früh ein wichtiges Handelsgut war? Die ismaelitischen Kaufleute, an die Joseph von seinen Brüdern verkauft wurde, kamen „von Gilead mit ihren Kamelen; die trugen Würze, Balsam und Myrrhe und zogen hinab nach Ägypten". (1. Buch Mose 37,25)
- die Myrrhe im Altertum etwa doppelt so teuer war wie Weihrauch? Deshalb wurde sie häufig mit Mastix und Gummi verfälscht.
- der griechische Arzt Hippokrates (460–370 v. Chr.) die Myrrhe gegen hartnäckige Geschwüre empfahl?
- die Myrrhe – gemischt mit Frauenmilch – eine Grundlage für Augensalben war?
- die alten Griechen ihren Wein mit Myrrhe versetzten – nicht nur, um ihn zu aromatisieren, sondern auch weil sie glaubten, dadurch größere Mengen Wein ohne Nachwirkungen trinken zu können?
- römische Soldaten Jesus auf seinem Weg zur Kreuzigung „Myrrhe im Wein" anboten? (Markus 15,23)
- chinesische Ärzte seit etwa dem 7. Jahrhundert n.Chr. Myrrhe zur Wundheilung verwendeten?
- arabische Ärzte im Mittelalter die Myrrhe wegen ihrer fäulniswidrigen Kräfte als Arznei für ansteckende Krankheiten verwendeten? Der arabische Arzt Al-Kindi (er lebte im 9. Jahrhundert n.Chr.) führt in seinem „Arzneimittelbuch" 15 Rezepte an, die Myrrhe enthalten.
- in früheren Jahrhunderten in Deutschland die Ärzte bei Pestseuchen „Pestpillen" aus Aloe, Safran und Myrrhe verabreichten?
- die Myrrhe breiartig zubereiteten Arzneimitteln beigegeben wurde, um bei Seeleuten den durch Skorbut (Vitaminmangelkrankheit) verursachten wunden, faulenden Gaumen zu behandeln?
- bis ins 19. Jahrhundert der Myrrhebaum in Europa überhaupt noch nicht exakt bekannt war? Erst 1829 beschrieb ihn Christian Gottfried Ehrenberg (1795–1876), der ihn 1826 in Südarabien kennengelernt hatte, im Rahmen eines Preisausschreibens der Medizinisch-botanischen Gesellschaft zu London.
- in Somalia dem Kamelfutter Myrrhe beigemischt wird, damit die Tiere mehr Milch geben?
- die Myrrhe auch heute noch als Desinfektions- und desodorierender Be-

standteil Zahnpasta und Mundwasser zugesetzt wird und das aus der Myrrhe gewonnene Gummiharz eine der wichtigsten natürlichen Komponenten auch der modernen Parfümindustrie darstellt?

Der Mythos von Myrrha

(nach der Schilderung von Panyassis, einem Verwandten des griechischen Geschichtsschreibers Herodot, der im 5. Jahrh. v.Chr. lebte)

Myrrha war die Tochter des assyrischen Königs Theias. Da sie der Göttin Aphrodite nicht die gebührende Ehre erwies, erfüllte diese das Mädchen mit leidenschaftlicher Liebe zu ihrem Vater. Durch ein Täuschungsmanöver gelang es Myrrha, zwölf Nächte im Bett des Vaters zu verbringen. Als dieser entdeckte, was er getan hatte, verfolgte er seine Tochter mit gezücktem Dolch, um die gemeinsame Schande auszulöschen. Er hatte sie beinahe eingeholt, als Myrrha die Götter in ihrer Not um Hilfe anflehte. Sie wurde in einen Baum verwandelt, der seitdem ihren Namen trägt. Nach neun Monaten brach die Rinde des Baumes auf und ein wunderschönes Kind kam heraus, das Adonis genannt wurde. Zu seinen Ehren feierten die Griechen später große Feste und opferten dabei Unmengen von Myrrheharz.

Der Mythos von Myrrha

Die Heilkräfte der Myrrhe

„Dieses ist ein gummigtes Harz, das in theils rundlichen, theils eckigten Stücken von verschiedener Größe vorkömmt, die eine rothbraune oder braungelbe, mehr oder weniger dunkle oder helle, Farbe besitzen. Wenn die Myrrhe gut ist, so muß sie durchsichtig seyn, sich fettig anfühlen und leicht zerbrechen lassen. Im Munde muß sie beinahe zergehen, etwas scharf und bitter schmecken, und einen balsamischen Geruch besitzen. Die Myrrhe, welche weich und klebrig ist, und keine Sprödigkeit besitzt, ist gewöhnlich eine schlechte Sorte, der man durch Weingeist Durchsichtigkeit oder vielmehr Glanz gegeben hat."

(D. Joh. Barthol. Trommsdorff, Professor der Chemie, 1805)

Beschaffenheit der Myrrhe

Myrrhe ist ein Harz, das in verschiedenen Commiphora-Arten entsteht. Bereits beim „gesunden“ Baum tritt ein dickflüssiges Sekret aus, das die verschiedensten Substanzen enthält. Durch mechanische Verletzung der Pflanze (Anritzen) werden die Harzgänge freigelegt und es tritt vermehrt Flüssigkeit aus.

Wie beim Weihrauch handelt es sich auch bei der Myrrhe um ein Gummiharz. Der wichtigste Bestandteil des Harzes ist das darin enthaltene ätherische Öl, das durch Extraktion mit n-Hexan(ein Kohlenwasserstoff) gewonnen wird. Das Öl ist zähflüssig, von grüngelber Farbe und intensivem, aromatisch-balsamischem Geruch, der sich bei längerer Lagerung noch verbessert. Allerdings verharzt das Öl rasch und nimmt dann eine gummiartige Konsistenz an.

Von besonderer Bedeutung ist bei der Myrrhe ebenso wie beim Weihrauch der sogenannte Synergie-Effekt: nur das natürliche Produkt enthält in feinabgestimmter Mischung die wirksamen Stoffe.

Hauptinhaltsstoffe der Myrrhe

Die Hauptinhaltsstoffe der Myrrhe:

● ätherische Öle	6–8%
● Triterpene	30–50%
● Schleimstoffe(wasserlösliches Gummi)	30–60%
● Bitterstoffe	
● Diterpensäuren (Commiphorasäuren)	

Die wichtigsten Inhaltsstoffe enthält in unterschiedlicher Zusammensetzung das ätherische Öl:

- alpha-Pinen
- Limonen
- Cuminaldehyd
- Eugenol
- m-Kresol
- Ameisensäure
- Essigsäure
- Palmitinsäure
- mindestens 18 verschiedene Sesquiterpene

Über die verschiedenen Inhaltsstoffe der Myrrhe sind die Wissenschaftler noch nicht zu einem eindeutigen Ergebnis gekommen. Die Myrrhe enthält viele Stoffe, die bislang nur teilweise untersucht sind. Das bedeutet, daß viele alte Angaben überprüft werden müssen. Nach einer Untersuchung des Instituts für Pharmazie und Lebensmittelchemie der Universität Würzburg werden diese Inhaltsstoffe - bis auf die Sesquiterpene - beispielsweise nicht bestätigt: „Alpha-Pinen, Limonen und Dipenten werden zwar als Inhaltsstoffe in der Literatur genannt, sie lassen sich aber ebensowenig bestätigen wie Cuminaldehyd, Zimtaldehyd, Eugenol, m-Kresol, Ameisensäure, Essigsäure, Palmitinsäure. Nach unseren Ergebnissen sind im etherischen Myrrhenöl ausschließlich Sesquiterpene enthalten." (Dissertation Pia Noble, Würzburg 1981)
Die unterschiedlichen Angaben verschiedener Untersuchungen können u.a. in der botanischen Herkunft und den verschiedenen Sammelgebieten begründet sein.

Was bedeutet

- **Ätherische Öle** = duftende, aromatische organische Flüssigkeiten organischen Ursprungs. Sie werden meistens durch Wasserdampfdestillation oder Auspressen der Pflanzenteile gewonnen. Im Gegensatz zu den fetten Ölen (Sesam-, Oliven-, Nußöl usw.) hinterlassen sie auf Papier keine Fettflecken, sondern „verflüchtigen“ sich (deshalb auch die deutsche Form „flüchtige Öle"). Hauptbestandteil ätherischer Öle sind Terpene. Ätherische Öle sind eine wichtige natürliche Grundlage der Parfümerie und werden als wesentliche Bestandteile der Aromatherapie verwendet.
- **Triterpene** = eine Gruppe von Naturstoffen, die durch Wasserdampfdestillation oder Extraktion aus Blüten, Blättern und anderen Pflanzenteilen isoliert werden. Viele Terpene werden wegen ihres angenehmen Geruchs als Riechstoffe verwendet.
- **Pinen** = ein Terpenkohlenwasserstoff (Terpentinöl), der farblos und flüssig ist und in der Kosmetik zur Herstellung von künstlichen Kampfer, Perpineol (fliederähnlicher Duft) und Isoborneolazetat (Koniferenduft) verwendet wird.
- **Limonen** = ein ungesättigter Terpenkohlenwasserstoff mit zitronenartigem Geruch, der beispielsweise in Zitrus-, Fichtennadel- und Pfeffer-

minzöl zu finden ist. Limonen wird zur Herstellung von Parfüms und als Riechstoff für Waschmittel verwendet.

- **Cuminaldehyd** = eine farblose, ölige, angenehm riechende Substanz, die Bestandteil zahlreicher ätherischer Öle ist. Ähnliches gilt für das
- **Zimtaldehyd:** Aldehyde sind organische Verbindungen, die bei der Dehydrierung primärer Alkohole entstehen. Sie finden häufig als Riechstoffe Verwendung.
- **Eugenol** = eine farblose, an der Luft braunwerdende Substanz mit starkem Nelkengeruch, die in vielen ätherischen Ölen vorkommt. Wird in der Zahnheilkunde häufig als schmerzlinderndes Mittel angewendet.
- **Kresol** = farblose Substanz, die an der Luft gelb bis braun wird. Wegen der bakteriziden Wirkung wird Kresol u.a. in Desinfektionsmitteln und zur Holzimprägnierung verwendet.
- **Ameisensäure** = eine farblose, stechend riechende und ätzende Flüssigkeit, die nicht nur im Giftsekret von Ameisen, sondern auch in manchen Pflanzen (u.a. in der Brennessel) vorkommt.
- **Essigsäure** = ebenfalls eine farblose, stechend riechende Flüssigkeit, die in vielen Pflanzensäften enthalten ist. Im menschlichen und tierischen Stoffwechsel spielt sie eine wichtige Rolle.
- **Palmitinsäure** = eine gesättigte Fettsäure, die in fast allen pflanzlichen und tierischen Fetten vorkommt. Sie wird häufig als Seifengrundlage verwendet.
- **Sesquiterpene** = Kohlenwasserstoffe, die in Alkohol nur schwer löslich sind und bei Zutritt von Licht und Sauerstoff stark zur Verharzung neigen.
- **Schleimstoffe** = pflanzliche Stoffe, die als Bindemittel für kosmetische Mittel oder als Träger von Duftstoffen wirken.
- **Bitterstoffe** = regen im Körper die Drüsentätigkeit an und wirken beispielsweise appetitanregend. Mitunter haben sie keine Eigenwirkung, sondern verstärken die Wirkung anderer Stoffe (Synergie-Effekt).

Die Wirkungen der Myrrhe

Myrrhe wirkt antiseptisch

Schon seit Jahrtausenden wird die Myrrhe eingesetzt, um Wundinfektionen zu verhindern, beispielsweise bei schlecht heilenden Wunden oder Geschwüren. Heute wird die Myrrhe in diesem Zusammenhang hauptsächlich als Mundwasser oder in Form der reinen Tinktur bei Entzündungen der Mundschleimhaut verwendet.

Myrrhe wirkt antiphlogistisch

Die entzündungshemmende Wirkung der Myrrhe wird vor allem bei Mund- und Zahnfleischgeschwüren geschätzt. Die Wundheilung wird durch Myrrhe gefördert.

Myrrhe wirkt antibakteriell

Vor allem die Vermehrung von Staphylococcus aureus wird gehemmt, der für die Eiterbildung und die Enstehung von Abszessen verantwortlich ist.

Staphylokokken

Dabei handelt sich um eine Gattung von kugelförmigen Einzelzellen, die wie die Beeren einer Traube angeordnet sind. Sie sind die am häufigsten vorkommenden Eitererreger.

Myrrhe wirkt antimykotisch

Myrrhe beeinflußt das Wachstum von Pilzen, vor allem im Intestinalbereich (Darmkanal). Dadurch können entzündliche Erkrankungen des Dünn- und Dickdarms, Durchfälle, Krämpfe und Koliken wirksam behandelt werden.

Myrrhe wirkt insektizid

Bestimmte Bestandteile der Myrrhe, die sogenannten Furanosesquiterpenoide, wirken insektenabwehrend. Dies bestätigte sich aufgrund von wissenschaftlichen Forschungen, nachdem man somalische Schäfer dabei beobachtet hatte, daß sie ihr Vieh mit Myrrhenharz behandelten, um Zecken fernzuhalten.

Tip:
Verbrennen Sie Myrrhenharz oder Räucherstäbchen zur natürlichen Insektenabwehr.

Krebshemmende Wirkung

In den letzten Jahren zeigten Experimente mit weißen Mäusen, daß Myrrhe wahrscheinlich – ähnlich dem Weihrauch – Substanzen enthält, die die Bildung von Tumoren hemmen. Das ergaben Studien an der Universität von Saudi-Arabien. Weitere Forschungen werden durchgeführt, auf deren Ergebnisse man gespannt sein darf.

Diese Krankheiten können mit Myrrhe behandelt werden:

- Appetitlosigkeit
- Darmerkrankungen (vor allem Intestinalmykosen)
- Grippale Infekte
- Hämorrhoiden
- Kopfschmerzen
- Leberzirrhose
- Lungenerkrankungen
- Menstruationsbeschwerden
- Mundgeruch
- Mundgeschwüre
- Offene Beine
- Wunden
- Zahnfleischentzündung

Edzard F. Keibel

Myrrhe – eine alte Arznei als Initialbehandlung bei der mikrobiologischen Therapie

Einleitung

Anfang der neunziger Jahre entbrannte in der Fach- und Laienpresse eine rege Diskussion darüber, ob Darmmykosen für die Gesundheit des Menschen eine Relevanz hätten und wenn ja, welche Spezies in welcher Populationsgröße und mit welcher „Gesinnung" (Stichwort: phenotypic switching) zur Gefahr für Leib und Leben des Wirtes würden.
Schnell bildeten sich zwei Lager:
Auf der einen Seite kämpften die Verfechter für eine Behandlungsmethode, die an beeindruckenden Einzelfällen belegen konnten, wie wichtig die Beachtung und Behandlung der intestinalen Mikroflora insbesondere bei Erkrankungen des allergischen Formenkreises war. Bisherige Therapieblockaden schienen endlich überwunden, den Patienten ging es bedeutend besser.
Auf der anderen Seite mutmaßten die Skeptiker dieser Methode, daß hinter der ganzen Darmpilz-Diskussion nur wieder eine neue lukrative Einnahmequelle für naturheilkundliche Ärzte und Heilpraktiker steckte. Eine klinische Bedeutung maßen sie dieser Frage nicht zu, da sie Darmpilze unisono als kommensale „Zeitgenossen" der Darmflora betrachteten.
Im Laufe der letzten Jahre zeigte sich aber, daß die Wahrheit wieder einmal auf beiden Seiten lag:
Tatsächlich ließen sich mit der mikrobiologischen Therapie beachtliche Behandlungserfolge erzielen, wenn sie richtig verstanden und angewendet wurde. Richtig war aber auch, daß nicht jeder ausgerottete Darmpilz zwangsläufig zur Genesung des Patienten führen mußte.
Als ich mich vor etwa 12 Jahren mit der Thematik zu beschäftigen begann, sprach man noch von *Symbioselenkung*. Dieser Begriff wurde inzwischen abgelöst von *mikrobiologischer Behandlung*. Warum sollte man „lenken", wenn man eine „Symbiose" als etwas Nützliches und Gesundes ansieht?

Zu dieser Zeit galt aber als Ultima ratio, die pathogenen Darmpilze mit einem potenten Antimykotikum (Nystatin, Clotrimazol u.a.m.) zu behandeln und Defizite an Lacto-, Bifido- oder Colikeimen mit Bakterienpräparaten in möglichst großer Zahl zu substituieren. Schöne Werbebilder der Arzneimittelindustrie versprachen analog der Pflanzenflora „blühende Landschaften" im gesamten Darm. Inzwischen hat sich auch die Nahrungsmittelindustrie auf die wachsende Nachfrage mit einem großen Sortiment an Probiotika eingestellt.

Zurück zum Problem der Darmmykosen!

In einer Welt, in der es sich seit Jahrmillionen der Evolution Viren, Bakterien und Pilze trefflich miteinander „eingerichtet" hatten, schien es mir widersinnig, allein Strategien zu entwickeln, Darmpilze völlig eliminieren zu wollen und zu glauben, damit die Gesundheit des Patienten wieder hergestellt zu haben, zumal von den etwa 200 im Darm des Menschen vorkommenden Spezies gerade einmal ein gutes Dutzend als potentiell pathogen eingestuft wurden. Alle gängigen Mittel brachten nach einigen Wochen tatsächlich zumeist veränderte Laborwerte bei den Stuhluntersuchungen, doch war das allein noch keine Garantie dafür, daß es dem Patienten wirklich besser ging. Gelegentlich konnten auch Rezidive beobachtet werden, die die Frage aufwarfen, ob es möglicherweise bei bestimmten Pilzarten schon Resistenzen auf die eingesetzten Mittel gab.

Neben der klassischen Therapie wurden ständig neue Möglichkeiten diskutiert, die Pilze loszuwerden: (Aus)-Hunger-Diäten, Bioresonanz-Behandlung, Grapefruitsamen-Extrakte, Melaleuka-Öl, Essig-Kuren ... Gelegentlich wurde ich von dem Gefühl beschlichen, daß diese Methoden eher reinem Wunschdenken entsprangen. Nur in wenigen Fällen wurden Beweise für reproduzierbare Ergebnisse erbracht.

Durch die Unzufriedenheit mit den gegebenen Mitteln machte ich mich auf den Weg, ein anderes Mittel zu finden, das wirkungsvoll die Pilze in der Darmflora dezimierte, aber schonend mit den physiologischen Keimen und der Darmschleimhaut umging.

Nach längerer Suche fand ich in der Myrrhe (Commiphora myrrha) eine gute Alternative zur bisherigen Mykose-Behandlung. Da die Myrrhe in der westlichen Medizin fast unbekannt war, gab es nur relativ wenig Literatur und keine Präparate mit dieser Indikation in unseren Arzneimittelverzeichnissen.

In den Herren Bradtmöller und Dr. Goos (Fa. Repha/Langenhagen) fand ich Anfang der neunziger Jahre aufgeschlossene Mitstreiter für die Idee, ein myrrhehaltiges Fertigarzneimittel unter Praxisbedingungen auf seine antimykotische Wirkung hin zu prüfen. Sie waren gern bereit, mich bei der Beschaffung von Literatur und der Durchführung einer Praxisstudie zu unterstützen und begleiteten die Untersuchungen mit dem gleichen Interesse wie ich.

Bei den Studien der Myrrhe stieß ich sehr bald auf die botanische und pharmakologische Verwandtschaft zu Weihrauch. Im vergangenen Jahr kam mir dann das Buch „Weihrauch und seine heilende Wirkung“ in die Hände, durch das ich den Kontakt zu dem Autor Dr. Fernando fand.

Seiner freundlichen, kollegialen Aufgeschlossenheit und Aufforderung verdanke ich die Möglichkeit, in diesem Buch meine Erfahrungen über die Myrrhe darzustellen.

Meine Ausführungen beschreiben den Weg zu dieser Therapieform und beleuchten anhand von Beispielen aus der Praxis, wie eine Therapie mit einem myrrhehaltigen Fertigarzneimittel aussehen kann.

Den Herrn Bradtmöller, Dr. Goos und Dr. Fernando sei an dieser Stelle sehr herzlich für ihre großzügige Unterstützung meiner Arbeit gedankt.

Myrrhe als Initialbehandlung bei der mikrobiologischen Therapie

Die Myrrhe ist in unserer westlichen Medizin kaum bekannt. Erst seit dem 19. Jahrhundert kam das Harz dieses Baumes nach Europa und wird als Zusatzstoff für Räucherwerk, z.B. für die Kerzen der Erzgebirge-Räuchermännchen, genutzt. Hier findet es auch bis heute noch seine Verwendung. Das Arzneimittel Myrrhe ist nur als Wundheilmittel für Entzündungen im Zahnfleisch-, Mund- und Rachenbereich, als Zusatz in Mundwässern, Zahncremes oder als Kosmetikum in Seifen, Lippenstiften und Parfüms bekannt und führt sowohl in unserer Medizin als auch in der Kosmetik eher ein Schattendasein. Im heutigen Somalia, Jemen, Indien, Äthiopien, Eritrea, Saudi-Arabien, Oman und China ist Myrrhe neben Weihrauch eine seit Jahrtausenden geschätzte Kostbarkeit, die schon in der Bibel ihre Erwähnung findet.
Uralte Weihrauchstraßen dienen bis heute dazu, auf Kamelen Harze des Weihrauch- und Myrrhebaumes zu transportieren. Im Tauschhandel wurden diese Wege in umgekehrter Richtung zum Transport von chinesischen Seidenstoffen genutzt.

Botanik

Die Myrrhe gehört zu den Commiphora-Arten. Etymologisch leitet sich „kommi“ = „Klebstoff“ und „phoros“ = „tragend“ aus dem Griechischen ab. Auch in der Antike war dies ein Fremdwort. Wie der Weihrauch (Boswellia-Olibanum) gehört die Myrrhe zur Familie der Burseraceen, einer Pflanzenfamilie, die etwa 300 tropische wildwachsende Baumarten umfaßt. Die Commiphora-Arten bilden kleine Sträucher, die unserem Schwarzdorn ähneln, aber auch zarte, dünnstämmige Bäume, die etwa drei Meter groß werden können. Die knorrigen und sparrigen Äste haben spitze Dornen. Die Blätter stehen entweder zerstreut oder büschelig. Zumeist sind sie dreizählig, teilweise auch einfach, kurz gestielt, eiförmig-länglich oder verkehrt-lanzettlich, ganzrandig und nur an den Spitzen gezähnt. Das mittlere Blättchen ist viermal länger als die seitlichen. Die Blüten sind zu Rispen oder Büscheln zusammengesetzte Dichasien, klein, zwittrig und eingeschlechtlich, mit becher-, krug- oder röhrenförmigem Receptaculum. Sie sind viergliedrig mit acht Staubgefäßen und sitzendem, zwei-, selten dreifächrigem Fruchtknoten. Die Früchte werden ca. 7 mm lang. Sie sind eiförmig, zugespitzt, glatt und braun und haben zumeist nur ein Fach. In der Rinde des Baumes gibt es Exkretgänge, in denen die Öl-Gummi-Harze gebildet werden.

Der uns fremd klingende Name „Myrrhe“ leitet sich aus dem Arabischen „mun”, bzw. Aramäischen „murra“ und dem Assyrisch-Babylonischen „murru“ ab. Der somalische Begriff ist „molmol“ oder „malmal”. Sie alle beschreiben den Geschmack des Harzes als: „bitter“ oder „sehr bitter”.

Die altindische Medizin kannte die Myrrhe als „gum-guggulu“ - eine der wichtigsten Arzneien der aryuvedischen Medizin.

Vertreter der Gattung Commiphora

Vertreter der Gattung *Commiphora* und ihre Verbreitungsgebiete[10]

Botanische Art:	Verbreitungsgebiet
Myrrhe	
C. myrrhe (Nees) Engl. var. molmol Engl.	Somalia
C. playfairii Engl.	Somalia
C. abyssinica Engl.	Südarabien, Nordäthiopien
C. simplicifolia Schweinf.	Südarabien
C. schimperi (Berg) Engl.	Südarabien, Nordäthiopien
C. hildenbrandtii Engl.	Somalia, Äthiopien
C. serrulata Engl.	Somalia, Sudan
Opopanax, Bisabol-Myrrhe (süße Myrrhe)	
C. erythraea Engl.	Nordostafrika
C. guidotti	Somalia
Bdellium, falsche Myrrhe	
C. mukul (Hook ex Stocks) Engl.	Ostindien
C. africana (Arn.) Engl.	Äthiopien, Eritrea, Sudan, Kenia

Heilmittel

Genutzt wird das schon erwähnte Harz des Myrrhebaumes. Es wird durch regelmäßige, fachgerechte Ritzung der Baumrinde zum Austreten gebracht. Kleine Tropfen und Tropfnasen bilden sich, ähnlich wie das Wachs an einer Bienenwachskerze. Die Farbe und Konsistenz ähneln dem Bernstein, der Geruch erinnert an ein aromatisches, bitteres Harz, eine orientalische „Basisnote" ist typisch. Der Geschmack ist stark bitter. Je nach Baumgröße können auf diese Weise drei bis vie Kilogramm Harz pro Jahr geerntet werden. Die Ernte erfolgt nach der Regenzeit von Juni bis August. Nach einigen Ernten werden immer wieder Ruhephasen eingelegt, die der Regeneration des Baumes dienen.

Das geerntete Harz wird in Körben gesammelt und in den Herkunftsländern in dunklen Räumen getrocknet und in aufwendiger Handarbeit von anhaftenden Pflanzen- oder Insektenteilen und anderen Verunreinigungen befreit und sortiert. In diesem Zustand werden die Harze u.a. von den europäischen Zwischenhändlern importiert. Zur Weiterverarbeitung wird das Harz zumeist vermahlen. Durch den hohen Harz-Gummen-Anteil sind dafür besondere technische Voraussetzungen notwendig, die ein Verkleben der Mühle vermeiden. In roher oder vermahlener Form wird das Harz aber auch zu Tinkturen weiterverarbeitet.

Das heutige Deutsche Arzneibuch (DAB 10) (zitiert aus[4]) führt neben der Myrrhe als Harz die Tinktur. Aus dem erwähnten vielfältigen Anwendungs- und Zubereitungsspektrum ist lediglich die Verwendung der Tinktur bei entzündlichen Schleimhauterkrankungen des Mundes und der Rachenhöhle geblieben (Monographie der Kommission E).

Definition der Droge:

Das aus der Rinde von Commiphora molmol ausgetretene und an der Luft getrocknete Gummiharz. Es kann auch von anderen Commiphora-Arten stammen, soweit es in der chemischen Zusammensetzung vergleichbar ist – DAB 10.

Zubereitung:

Tinktur 1 : 5 Ethanol 90% (V/V) nach DAB 10

Identität:

Prüfung mit DC-Methode* nach DAB 10

Reinheit:

Fremde Beimengungen max. 2%
Ethanolunlösliche Bestandteile max. 65% (DAB 10)
Asche max. 7% (DAB 10)
Trocknungsverlust max. 15% (DAB 10)

Toxikologie:

Risiken der bestimmungsgemäßen Anwendung therapeutischer Dosen der Droge und Nebenwirkungen sind nicht bekannt.

* DC-Methode: Dünnschichtchromatographie

Anwendungsmöglichkeiten

In der älteren Literatur sind eine Vielzahl von Indikationen zu finden.

- Während der Persischen Kriege (490–449 v. Chr.) diente die Myrrhe in pulverisierter Form zur Behandlung von Wunden und Geschwüren, als Pillen bei Lungenkatarrh.
- Auch im alten China war Myrrhe mit diesen Indikationen und bei Knochenverletzungen bekannt.
- Hippokrates von Kos (ca. 460–370 v. Chr.) nannte sie ein zusammenziehendes, austrocknendes Wundheilmittel.
- Dioskurides beschreibt eine adstringierende, erwärmende und betäubende Wirkung. Myrrhehaltiger Wein diente ihm als Narkotikum bei Operationen.
- Weitere Indikationen waren Atembeschwerden, Brustschmerzen und Durchfall, als Zusatz in Wein und Öl kannte man es in der Antike als Mittel gegen Eingeweidewürmer und zur Abtreibung.
- Matthiolus (Pietro Andrea Mattioli) setzte Myrrhe bei Amenorrhoe ein.
- Die Äbtissin Hildegard von Bingen (1089–1179) und Theophrastus Philipus Aurelus Bombastus von Hohenheim, besser bekannt unter dem Namen „Paracelsus" (1493–1541), erwähnen die Myrrhe bei ihren Rezepturen ebenfalls. Paracelsus z.B. bei Bauchflüssen, roter Ruhr, Flechten, Schnupfen und zur Förderung der Verdauung.

- Die kultischen Räucherungen mit den Harzen des Weihrauchs und der Myrrhe sind seit dem 5. bis 4. vorchristlichen Jahrhundert überliefert und mit Weihrauch noch heute in der katholischen Kirche üblich. Dazu wird das Harz auf glühende Holzkohlen gelegt, weil es angezündet ganz verbrennen würde.
- Im Orient kannten die Frauen die desinfizierende und desodorierende Wirkung der Myrrhe. Auch heute kennt man diese Wirkungen in der Kosmetikindustrie. Es gibt ein wohlriechendes Eau de Parfum mit den ausschließlich natürlichen Ingredienzen Myrrhe, Narde und Rose.

Augsburger Elixier.

Um die Jahrhundertwende galt das „Augsburger Elixier" als nützliches Roborans; es enthielt u.a. die Myrrhe:

Rp. 3 Teile auserlesene Myrrhe (gestoßen)
5 Teile Aloe soccotrina (gestoßen)
2 Teile Rhabarberwurzel (gestoßen)
1 Teil Enzianwurzel (gestoßen)
1 Teil Calamuswurzel (gestoßen)
1 Teil Ingwerwurzel (gestoßen)
je 0,5 Teile gestoßene Zimtrinde, Nelken, Pomeranzenschalen und -früchte
je 1 Teil kleingeschnittenes Tausendgüldenkraut, Pfefferminzkraut, Melissenkraut und Safran
Mit Spiritus (rektif., 42 Grad Baumé) (40 Teile) und 15 Teilen destilliertem Wasser wurde die Mischung 14 Tage bei mäßiger Wärme aufbewahrt, dann ausgepreßt und filtriert.

Dieses Elixier ist enorm bitter und für unser heutiges Geschmacksempfinden nur in einer angemessenen Portion Portwein zu „genießen".

Neuzeitliche Indikationen[3]:

ICD – 10*:

akute und obstruktive Laryngitis
akute Tracheitis
akute Pharyngitis
akute Tonsillitis
Krankheiten der Lippe, Mundhöhle und Zunge
sonstige Krankheiten der oberen Atemwege
Gingivitis und Krankheiten des Parodonts

Kommission E:

Mund- und Rachenraumentzündungen

Asiatisch:

Stomatitis
Wunden
Amenorrhoe
Furunkel, Karbunkel
Hauterkrankungen

Indisch:

Menstruationsstörungen
Stomatitis, Wunden und Geschwüre
Hautentzündungen

* ICD – 10: International Code of Diagnostics

Madaus veröffentlichte 1938 in Zusammenfassung der aktuellen Literatur und einer Auswertung:
„Sehr gut wirkt die Myrrhe (lokal angewandt) bei allen entzündlichen Erkrankungen im Bereich der Mundhöhle (Mundentzündung, Mundfäule, Zahnfleischentzündung, Rachenschleimhautentzündung, Skorbut) … So konnte eine mit Myrrhentinktur behandelte Schürfwunde in einem Drittel der Zeit für eine unbehandelte Wunde abgeheilt werden." (Zitiert nach Martinetz[8] S.146)

Von Madaus[7] wurden auch eine Reihe von myrrhehaltigen Rezepturen zusammengetragen:

Bei empfindlicher Schleimhautaffektionen

Rp.: Myrrhae

Galbani	aa 8,77
Asae foetidae	2,93
Sirupi	q.s.
F. pilul Nr. 90	
Dos.:	dreistündlich eine Pille zu nehmen

Gegen Verschleimung der Atemwegsorgane

(nach Hecker):

Rp.: Myrrhae	3,75
Gummi arabici	1,8
Aqua Hyssopi	120,0
Sirupi Ammon.	30,0
MDS.	Dreistündlich 1 Eßlöffel voll zu nehmen

Bei entzündlichen Erkrankungen im Bereich der Mundhöhle, wie Stomatitis

(nach Friedrich):

Rp.: Tinct. Myrrhae	20,0
Dos.:	20–30 Tr. mit 1 Löffel Rosenhonig auf 1 Glas Wasser zum Gurgeln oder Spülen mehrmals täglich.

Bei eiternden Wunden als Verbandwasser:

Rp.: Tinct. Myrrhe

Arnicae ad us. ext.	aa 15,0
Dos.:	ungefähr auf 1 l Wasser unter Zusatz von etwas Rosenwasser. Die Kompresse in Wasser tauchen und zweimal täglich erneuern.

Inhaltsstoffe

Die Inhaltsstoffe der Myrrhe sind erst in den letzten Jahren durch Ammon[1], Hänsel[4],Martinetz et al[8],Willuhn[11], Franz und Wiendl[10] et al. analysiert worden. Franz und Wiendl unterscheiden in ihrer Untersuchung 1994 drei Stoffgruppen:
Die **ätherischen Öle** (Anteil: 2 bis 10%) bestehen fast ausschließlich aus Sesquiterpenen. Für die offizinelle Myrrhe sind Furanosesquiterpene vom Eleman-, Eudesman- und Guajantyp charakteristisch. Den ätherischen Ölen werden die desinfizierende, desodorierende und adstringierende Wirkung zugewiesen. Sie wurden bereits in den 80er Jahren eingehend untersucht.

Die **alkoholische Harzfraktion** (Anteil: 25 bis 40%) enthält Diterpensäuren, Commiphora-Säuren und deren Derivate, Triterpensäuren (Commisäuren) und deren Alkohole und Ester. Letztere sind den im Weihrauch enthaltenen Boswellia-Säuren ähnlich, deren stark antiphlogistische Eigenschaft bekannt ist. Außerdem konnte ein cholesterolähnliches Steroidgemisch, die sogenannten „Guggulsterole" nachgewiesen werden, deren cholesterolsenkende, antiinflammatorische Wirkung belegt werden konnte.

Vom **wasserlöslichen Gummenanteil** (30 bis 60%) ist schon aus früheren Untersuchungen bekannt, daß neben einem Proteinanteil von ca. 20% ein Kohlenhydratanteil bestehend aus Arabiose, Glaktose und 4-O-Methyl-Glucuronsäure vorhanden ist.

Welche Hinweise können zum Leitmotiv werden, Myrrhe bei Intestinalmykosen einzusetzen?

Den einen Hinweis finden wir bei Madaus, der die Indikation „Mundfäule" angibt. Können wir diesen Begriff mit unserer heutigen Terminologie „Soor" (Candidamykose) belegen?
Einen weiteren Hinweis finden wir in dem Fluch der Pharaonen:

> *„Der Tod wird den mit seinen Schwingen erschlagen,*
> *der die Ruhe des Pharaos stört."*

Diese Inschrift konnten die Archäologen auf einem kleinen Tontäfelchen lesen, als sie 1922 zu den Grabkammern des Tutanchamun vorgedrungen waren. Die abendländischen Wissenschaftler ließen sich jedoch von solch dü-

steren Prophezeiungen nicht schrecken und brachen die Gruft auf. Als erstes traf es den Ägypten-Forscher Lord Carnevon: Er starb nur wenige Tage nach dem Betreten der Grabkammern eines mysteriösen Todes. Nicht anders erging es einer ganzen Reihe weiterer wissenschaftlicher Mitarbeiter von ihm, die ebenfalls die Grabkammer betreten hatten. Dachte man anfangs noch an eine Suggestivwirkung der Inschrift, lösten Mykologen schließlich das Rätsel. Die Archäologen waren einer Aspergillusintoxikation zum Opfer gefallen, die sich durch Einatmung auf ihren Lungen ausgebreitet hatte. Diese Schimmelpilze waren in kleinen Schalen angezüchtet in den Grabkammern so deponiert worden, daß sich jeder Eindringling damit infizieren mußte. Die Universität Kairo fand heraus, daß die Pyramidenerbauer gute Kenner der Mikrobiologie gewesen sein mußten. Je nach Stand in der königlichen Hierarchie wurden die Toten mit unterschiedlichen Balsamen behandelt. Die Pharaonen-Mumien erhielten die beste Konservierung und blieben damit am längsten unversehrt. Diese Basalme enthielten u.a. Myrrhe, offensichtlich ein Jahrtausende währender Schutz vor Schimmelpilzzerfall.
Damit war der Schlüssel für die Behandlung von Intestinalmykosen mit einer antiken Arznei gefunden!
Gefunden werden mußte nun aber eine geeignete Darreichungsform für den Patienten, denn die Myrrhentinktur war sowohl ihres bitteren Geschmackes als auch wegen ihres hohen Alkoholgehaltes ungeeignet.
Auf dem deutschen Arzneimittelmarkt war kein tablettiertes oder dragiertes Monopräparat erhältlich, so daß für den Einsatz ein Fertigarzneimittel gefunden werden mußte, daß folgende Bedingungen erfüllen sollte:

- Es sollte Myrrhe in einer nennenswerten Menge enthalten;
- Es sollten möglichst wenige weitere Arzneimittel enthalten sein;
- Es sollten die weiteren Inhaltsstoffe Adjuvantien für die Indikation „Darmmykosen“ darstellen.

Das einzige Medikament, welches diese Bedingungen erfüllte, war Myrrhinil-Intest® Dragees (Repha GmbH – Biologische Arzneimittel/Langenhagen). Ein Dragee enthält: Myrrhe 100 mg, Kaffeekohle 50 mg, Trockenextrakt (4–6:1) aus Kamillenblüten 100 mg. Die angegebenen Anwendungsgebiete waren: entzündliche Erkrankungen des Dünn- und Dickdarmes, unspezifische Darminfektionen wie Durchfälle, Koliken.

Dieses Arzneimittel hatte für die geplante Anwendung eine ideale Zusammensetzung. Neben der Myrrhe mit den aufgeführten und der vermuteten Indikation (antimykotische Wirksamkeit) bot die Kaffeekohle als Aktivkohle für Gase, Toxine und Bakterien gute Bindungskapazitäten. Die Kamille besaß eine spasmolytische, antiphlogistische, carminative und wundheilende Wirkung.

In einer Praxisstudie wurde in wöchentlichen Stuhlkontrolluntersuchungen geprüft, wieviele Wochen eine Intestinalmykose mit potentiell pathogenen Keimen (Anzahl kolonienbildende Einheit = KBE > 10^3)[7] bei Patienten behandelt werden mußte, die begleitend ihre Ernährung auf eine streng kohlenhydratarme Zusammensetzung (Rieth-Diät) umstellten. Zur Desinfektion des Mund- und Rachenraumes sowie für Zahnprothesen wurde das myrrhehaltige Repha-Os® Mundspray eingesetzt.

Die Ergebnisse waren sehr ermutigend, da sie zeigten, daß das eingesetzte Präparat im gleichen Zeitrahmen wie die klassischen Antimykotika eine deutliche Dezimierung der Pilzkeimzahlen erreichte, ohne Nebenwirkungen oder Unverträglichkeiten. Diese Praxisstudien konnten 1992 und 1995 publiziert werden[5,6]. Ein Jahr später wurde Myrrhinil-Intest® noch einmal unter Laborbedingungen geprüft. Dabei konnte für das Medikament eine deutliche wachstumshemmende Wirkung auf alle von Nolting[9] für die menschliche Intestinalflora als pathogen eingestuften Pilzarten festgestellt werden. Bei der Prüfung der einzelnen Inhaltstoffe des Präparates konnte diese Wirkung eindeutig für Myrrhe und erstaunlicherweise auch für Kaffeekohle belegt werden. Damit wurde die These des Verfassers, Myrrhe bei Intestinalmykosen einsetzen zu können, sowohl „am lebenden Objekt" – beim Patienten – als auch in vitro belegt.

Es bleibt nachzutragen, daß die häufigen Rezidive, die nach Absetzen der konventionellen Antimykotika auftreten, im Rahmen der im folgenden Teil dargestellten konkreten Behandlungsfälle aus meiner Praxis nicht beobachtet wurden. Das mag daran liegen, daß die Myrrhe als potentes Wundheilmittel auch eine entzündlich gereizte Schleimhaut kuriert und damit die Gefahr einer Reinfektion mit Darmpilzen mindert. Bei der Mykosetherapie sind begleitende Maßnahmen über die Ernährung unerläßlich, damit nicht auf der einen Seite die Pilze dezimiert und auf der anderen Seite über die entsprechende Ernährung wieder „angefüttert" werden. Diese Maßnahmen sind in jedem Falle, auch bei der Behandlung mit Myrrhe, zu beachten.

Einige begleitende Ernährungshinweise

Für die Phase der Mykosetherapie ist eine konsequente Ernährungsumstellung notwendig, die früher aus einer langen Verbotsliste bestand und schon deshalb häufig nicht die erforderliche Motivation beim Patienten auslöste. Da Nahrungsmittelhersteller mit unterschiedlichen Bezeichnungen Zucker- und Zuckeraustauschstoffe deklarieren, ist es vor allem wichtig, diese zu kennen und für die Mykosetherapie (gewöhnlich drei bis vier Wochen lang) aus der Ernährung zu verbannen.

Liste der strikt zu vermeidenden Zucker und Zuckeraustauschstoffe:

Folgende Angaben können Sie auf den Zutatenlisten der Hersteller finden:

- Ahornsirup
- Diabetikerzucker (Fruktose)
- Fruchtzucker
- Haushaltszucker (Saccharose), Invertzucker, Kristallzucker, Rübenzucker, Kandis, Puderzucker, raffinierter Zucker (Raffinose), Urzucker, Rohrzucker, brauner Zucker
- Honig
- Isomalt
- Malzzucker (Maltose)
- Maltodextrin
- Maisstärkesirup
- Mannit (Mannitol)
- Melassesirup
- Sorbit (Sorbitol)
- Succanat (Succade, Citronade, Orangeade)
- Traubenzucker (Glukose, -sirup)
- Dextrose
- Ursüße (getrockneter Zuckerrohrsaft)
- Xylit (Xylitol)

Achtung!

Flüssige Süßstoffe können Fruktose enthalten! „Zuckerfreie" Kaugummis und Bonbons, auch Zahncremes, enthalten z.T. Sorbit, Mannit und Xylit.

Es gibt aber auch ausdrücklich erwünschte Lebens- und Nahrungsmittel:

- Rohkost (Salate) und Obstsorten sind erlaubt, ja sogar in großen Mengen erwünscht, wenn sie nicht mit Salatsoßen zubereitet werden, die die erwähnten Zuckerarten enthalten bzw. wenn das Obst nicht als Kompott gesüßt ist oder von Natur aus sehr viel Fruchtsüße enthält, wie z.B. Bananen, Feigen oder Trockenfrüchte (Rosinen).
- Die Speisen sollten vorzugsweise mit Petersilie, Schnittlauch, Bärlauch, Zwiebel, Brunnenkresse, Porree, Knoblauch, Oregano, Thymian u.a. Würzkräutern zubereitet werden. Sie alle stimulieren auf gute Weise die „Verdauungssäfte".
- Zu empfehlen sind Gerichte aus Vollkorngetreide, z.B. Vollkornbrot, Vollkornreis, Vollkornnudeln u.a.m.
- Es sollten täglich etwa 1½–2 Liter gutes Mineralwasser getrunken werden.
- Fruchtsäfte und süße Alkoholika wie z.B. Liköre müssen gemieden werden. Ein trockener Rot- oder Weißwein, gelegentlich ein Bier oder trockener Sekt können jedoch auch weiterhin genossen werden.
- Ein Eßlöffel gutes, kaltgepreßtes Öl (Oliven-, Sonnenblumen- oder Distelöl) gehört in die tägliche Nahrung, z.B. in die Salatsoße, den Quark o.ä.
- Ideal ist auch viel Joghurt und Kefir z.B. in der Salatsoße, im Müsli oder pur. Achtung: Es gibt fertige Fruchtzubereitungen, die gemieden werden müssen. Günstig sind Joghurt und Kefir aus dem Bioladen oder Reformhaus.

Die Indexzahlen im Text auf den Seiten 53–57 verweisen auf die im Literaturverzeichnis unter der Rubrik „Weiterführende Literatur zum Thema Myrrhe" angegebenen Zitatquellen.

Fallbeispiele

1. Fall

Patientin, 31 Jahre, Verwaltungsangestellte, klagt über folgende

Beschwerden: starker Magendruck und Magenschmerzen, rezidivierendes Sodbrennen, gelegentliches, saures Erbrechen, ständige Übelkeit, Gefühl, nie richtig satt zu sein, aber appetitlos

Diagnose: Gastritis auf Grund einer Arzneimittelunverträglichkeit von Loperamid - HCl, mit Säureblockern bereits vorbehandelt

Stuhlbefund
(Oktober 1996)**:** pH 6,5
Pilznachweis: Candida krusei 10^5 KBE
(damit deutlich erhöht)
anaerobe Keime: unauffällig
übrige Flora: unauffällig

Therapie: Nahrungsumstellung im oben beschriebenen Sinne, Vermeidung von blähenden Speisen
Myrrhinil-Intest® 3 x 4 Dragees und Repha-Os® Mundspray

Stuhlbefund,
(November 1996)**:**
Pilznachweis: Candida tropicalis 10^5 KBE
(damit deutlich erhöht)

Die Patientin berichtete trotzdem von einer deutlichen Besserung ihrer Beschwerden. Die Therapie wurde fortgesetzt. Erst drei Wochen später (Dezember 1996) wurde eine neue Laboruntersuchung veranlaßt: Pilze waren nicht mehr nachweisbar.

2. Fall

Patientin, 52 Jahre, Angestellte, stellt sich vor mit folgenden

Beschwerden: „Unwohlsein“ im Darm mit Brennen und Blähungen, („Reizdarm“-Syndrom) evtl. als Folge einer vor drei Jahren angesetzten antirheumatischen Behandlung, die sie wegen einer Unverträglichkeit selbst abgesetzt hatte, starke klimakterische Beschwerden (Hitzewallungen) seit 8 Jahren, Trockenheit aller Schleimhäute, Polyarthritis.

Aufgrund einer Darmmykose war sie zweimal mit Itraconazol (!) erfolglos vorbehandelt worden. Da sie auch dieses Mittel nicht vertrug, weil es ihre Darmbeschwerden verschlimmerte, hatte sie auch dieses inzwischen abgesetzt.

Diagnose: Reizdarm, Sjögren-Syndrom

Stuhlbefund (August 1997): pH 6,5
Pilznachweis: Candida glabrata 4 x 10^5 KBE
(damit stark erhöht)
anaerobe Keime: unauffällig
aerobe Keime: unauffällig
übrige Flora: unauffällig
PMN-Elastase: stark vermehrt, Hinweis auf entzündl. Prozesse im Darmtrakt.

Therapie: Nahrungsumstellung im oben beschriebenen Sinne. Myrrhinil-Intest® 3 x 4 Dragees und Repha-Os® Mundspray

Stuhlbefund: Die Stuhluntersuchungen zeigten einen Monat später (September 1997) deutlich reduzierte Keimzahlen:
Candida glabrata 3 x 10^3 KBE

Der Patientin ging es wesentlich besser. Die Reizdarmbeschwerden, die Blähungen und auch die rheumatischen Schmerzen waren wie die klimakterischen Beschwerden deutlich zurückgegangen. Sie nahm gern noch eine Weile ihre Verordnung weiter.

Stuhlbefund: Im Februar 1998 waren die Beschwerden behoben – trotzdem im Stuhlbefund noch Candida albicans 3 x 10^3 KBE nachgewiesen wurden. Die Nachkontrolle der PMN-Elastase wies Normwerte auf!

Stuhlbefund: Erst im April 1998 konnte über einen weitereren Stuhlbefund eine normale Mikroflora nachgewiesen werden.

Aufgrund des Sjögren-Syndroms darf in diesem Falle von einer erschwerten und damit verzögerten Abheilung des Reizdarmes ausgegangen werden. Deshalb konnte bei dieser Behandlung nicht allein eine kurzfristige Dezimierung von Darmpilzen erwartet und erreicht werden.

3. Fall

Patient, 20 Jahre, Student, berichtet über folgende

Beschwerden: ständige Abgeschlagenheit, Müdigkeit, Schlappheit, Antriebslosigkeit, bei der Arbeit oft unkonzentriert, vergeßlich

Diagnose: Chronique-Fatique-Syndrom (CFS),alle Blutwerte unauffällig

Als der Patient aufgefordert wurde, etwas ausführlicher seine Ernährungsgewohnheiten zu schildern, wurde deutlich, daß er sich vornehmlich von „Fast-Food“ oder „Junk-Food“ ernährte. Frische, vitamin- oder ballaststoffreiche Nahrung kannte er in seinem Ernährungsprogramm fast gar nicht.

Stuhlbefund
(Oktober 1996): pH 6,0
Pilznachweis: Candida albicans 10^5 KBE
(damit deutlich erhöht)
anaerobe Keime: Bifidobakterien 10^6 KBE
(damit vermindert), übrige im Normbereich
aerobe Keime: Enterokokken 10^6 KBE
Bacteroides 10^8 KBE
Clostridien 10^5 KBE
übrige Flora: unauffällig

Therapie: Nahrungsumstellung im oben beschriebenen Sinne.
Myrrhinil-Intest® 3 x 4 Dragees und Repha-Os® Mundspray

Stuhlbefund: Vier Wochen später ist die gesamte Flora im Normbereich, keine Pilze und Schimmelpilze mehr nachweisbar.

In allen geschilderten Fällen wurden selbstverständlich noch anschließend weitere mikrobiologische Maßnahmen eingeleitet. Welche Arten von Präparaten dabei zum Einsatz kommen, ist individuell von der Immunsituation des Patienten abhängig. Die schwächsten Reize gehen von allen Lacto- und Bifidopräparaten aus, die z.B. auch als Joghurt oder Kefir über die tägliche Nahrung angeboten werden können. Stärkere Reize werden mit Präparaten der Colikeime erreicht. Diese gibt es in verschiedenen Darreichungsformen: Ein schwacher Reiz geht aus von Eiweißbestandteilen der Colikeime, ein stärkerer Reiz von gefriergetrockneten Keimen und ein noch intensiverer Reiz von Lebendkeimen. Die stärksten Reize üben Mykobakterien auf die Immunsituation aus. Sie können diese enorm stimulieren und müssen deshalb auf die individuelle Situation des Patienten besonders sorgfältig angepaßt sein (langsame Steigerung).
Cave: Bei Atopikern sind immer die schwächeren Reize vorzuziehen!

Zusammenfassung

Auch wenn die dargestellten Fallschilderungen nicht alle schon in drei bis vier Wochen eine „Pilzfreiheit“ erbrachten, kann mit ihnen unter Praxisbedingungen gezeigt werden, daß mit einem myrrhehaltigen Arzneimittel, bei einer durchschnittlichen Tagesdosierung von 1200 mg, eine wirksame antimykotische Therapie möglich ist. Durch die schleimhautschützende, wundheilende Wirkung der Myrrhe hat sich diese Therapie als Initialtherapie bei der mikrobiologischen Behandlung bewährt, da damit die entzündlich irritierte Schleimhaut geheilt wird und damit der Mykose der „Boden“ entzogen wird. Hinzu kommt die antimykotische Wirkung.
Auf einer intakten Schleimhaut läßt sich sicherlich auch eher und nachhaltiger eine Mikroflora regenerieren.
Die Permeabilitätsstörungen der Darmschleimhaut bei Atopikern (meßbar über den Alpha-1-Antitrypsin-Wert im Stuhl) ist wie ein großes „Einfallstor“ zu betrachten für die Antigen-Antikörper-Reaktion. Daß auch diese Störung mit Myrrhe therapierbar ist, ließ sich inzwischen nachweisen.

Die Heilwirkung von Kombinationspräparaten

Die Naturheilkunde (Homöopathie, Phythotherapie, anthroposophisch erweiterte Medizin usw.) setzt Weihrauch, Myrrhe und Gold auch als Kombinationspräparate ein, in denen die Wirkstoffe sich gegenseitig ergänzen. Aber auch in Verbindung mit anderen natürlichen Heilstoffen können die drei kostbaren Heilmittel verordnet werden. Nähere Angaben zur Therapie einzelner Erkrankungen finden Sie unter den entsprechenden Stichworten im Kapitel „Krankheiten und ihre Behandlung mit Weihrauch, Gold und Myrrhe". Folgende Krankheiten können mit Kombinationspräparaten behandelt werden:

- Arthritis
- Asthma
- Bauchspeicheldrüsenentzündung
- Bechterewsche Krankheit
- Bluthochdruck
- Darmerkrankungen
- Frauenleiden
- Grippale Infekte
- Harnwegsinfektionen
- Hauterkrankungen und Allergien
- Herzbeschwerden
- Hirntumore und Hirnödeme
- Kehlkopfentzündung
- Kreislaufstörungen
- Leberzirrhose
- Mukoviszidose
- Muskelentzündung
- Nervosität
- Nierenleiden
- Rheumatische Erkrankungen
- Rückenschmerzen
- Schuppenflechte
- Wirbelentzündung
- Zerebralsklerose

Krankheiten und ihre Behandlung mit Weihrauch, Gold und Myrrhe

Appetitlosigkeit

Ursachen und Symptome

Wichtig!
Bei allen unklaren Krankheitsbildern, bei länger andauernden oder sich akut verschlimmernden Beschwerden sollten Sie unbedingt den Arzt aufsuchen! Auch die innerliche Behandlung mit Weihrauch-, Myrrhe- und Goldpräparaten sollte nur in Abstimmung mit dem Arzt erfolgen.

Appetitlosigkeit ist in vielen Fällen eine Begleiterscheinung von nicht als solche wahrgenommenen Krankheiten. Dabei kann es sich um Darmerkrankungen handeln, aber auch um seelische Störungen. Oft haben die Betroffenen nicht nur keinen Appetit, sondern einen regelrechten Ekel vor Nahrungsmitteln. Hier ist Rücksprache mit dem Arzt unbedingt erforderlich, um die Ursachen abzuklären.

Appetitlosigkeit bei fieberhaften Erkrankungen ist eine natürliche Reaktion, mit der der Körper sich selbst hilft. In solchen Fällen sollte der Patient nur auf eigenen Wunsch eine leichte Mahlzeit erhalten, allerdings reichlich mit Flüssigkeit versorgt werden.

Behandlung mit Myrrhe

Geben Sie 3 mal täglich vor den Mahlzeiten 5 Tropfen Myrrhetinktur auf ein Stückchen Zucker.

Behandlung mit Gold

Die Hildegard-Medizin empfiehlt zur Behandlung von Appetitlosigkeit (aber auch von anderen Eßstörungen wie beispielsweise „Freßsucht") das Gold in Form von Goldkeksen und Goldwein. Die entsprechenden Rezepte finden Sie unter dem Stichwort „Gicht".

Arthritis

Unter Arthritis leiden Millionen Menschen auf der ganzen Welt. Es heißt, daß allein in den USA 40 Millionen Menschen davon betroffen sind. Bei Arthritis handelt es sich offensichtlich nicht um eine moderne Zivilisationskrankheit, denn auch bei ägyptischen Mumien sowie bei Knochenfunden prähistorischer Menschen wurden Symptome dieser Krankheit festgestellt.

Ursachen und Symptome

Bei der Arthritis handelt es sich um eine schmerzhafte Gelenkentzündung, die verschiedene Ursachen haben kann, beispielsweise:

- Rheuma
- Infektionen
- Gicht
- Schuppenflechte (Psoriasis).

Durch jede dieser Ursachen kann sich die Gelenkknorpelmasse reduzieren, die normalerweise als „Abfederungsmaterial“ dient.
Symptome dieses Abbauvorgangs sind vor allem Schmerzen und Steifigkeit in den Gelenken, mitunter auch Verformungen. Dies ist vor allem bei stark belasteten Gelenken der Fall (Knöchel, Knie, Hüften). Aber auch Finger und Handgelenke können betroffen sein – dort macht sich die Arthritis besonders durch Verformungen und Schwellungen bemerkbar.

Behandlung mit Weihrauch

Arthritis ist wohl das Leiden, bei dem Weihrauchpräparate am häufigsten und erfolgreichsten eingesetzt werden. Hier ist die Weihrauchtherapie auch am umfangreichsten durch moderne wissenschaftliche Untersuchungen dokumentiert.
Besonders gut spricht die rheumatoide Arthritis, also die chronische Polyarthritis, auf die Behandlung mit Weihrauch an, denn Weihrauch bewirkt hier eine Hemmung der leukotrienvermittelten Entzündung. Da diese die Schmerzen verursacht, kommt es in vielen Fällen zu einer schnellen Linderung. Außerdem heilen die durch die Entzündung beschädigten Blutgefäße bei einer Behandlung mit Weihrauch schneller ab.

Wie Schmerzen entstehen

Schmerzen werden meist durch sogenannte Entzündungsmediatoren ausgelöst und in Gang gehalten. Die Bildung dieser Mediatoren kann ausgelöst werden durch

- Entzündungen
- Schädigungen von Organen und Geweben
- Verkrampfungen von Blutgefäßen (beispielsweise bei Migräne)
- teilweisen oder totalen Verschluß von Venen und Arterien.

Schmerzen entstehen vor allem bei entzündlichen Prozessen (Rheuma, Arthritis, Pankreatitis usw.).

Auslöser sind die **Prostaglandine**, die in fast allen Geweben und Körperflüssigkeiten nachweisbar sind. Sie haben vielfältige Funktionen und können beispielsweise den Blutdruck senken oder erhöhen, die Nierendurchblutung steigern, die Magensekretion hemmen. Vor allem aber sind sie an Entzündungsprozessen und an der Schmerzauslösung beteiligt.

Im Grunde sind Prostaglandine Schutzfaktoren im Sinne einer Anpassung des Gewebes an Milieuveränderungen, die beispielsweise durch eine Verletzung oder Entzündung entstehen können. Dabei kann eine vermehrte Bildung von Prostaglandinen das Krankheitsbild verschlechtern.

Leukotriene, eine den Prostaglandinen nahestehende Gruppe von Gewebshormonen, können allergische Reaktionen und Entzündungen auslösen. Sie können bereits in geringsten Mengen als Mediatoren (Botenstoffe) wirken, die zu mit Schmerzen verbundenen Entzündungen und Allergien führen.

In der traditionellen indischen Medizin (Ayurveda) wird das Weihrauchharz der Boswellia serrata, dort „Salai Gugal“ genannt, bereits seit langer Zeit erfolgreich gegen chronische entzündliche Arthritis verwendet. Inzwischen liegen auch zahlreiche wissenschaftliche Untersuchungen dazu vor. Bei einer Studie, die vom Governmental Medical College in Jammu (Indien) mit einer Boswelliasäure-Therapie durchgeführt wurde, ergab die Behandlung bei 60% der Patienten gute bis sehr gute Ergebnisse bei der Schmerzlinderung und der Verringerung der morgendlichen Gliedersteifheit. Dreiviertel der untersuchten Patienten waren vorher bettlägerig oder arbeitsunfähig. Die Besserung ihres Zustandes trat innerhalb eines Zeitraums von zwei bis

vier Wochen nach dem Beginn der Behandlung mit Boswellia serrata ein.
In Deutschland wurden 1994 bei der 26. Tagung der Deutschen Gesellschaft für Rheumatologie Daten über eine Versuchsreihe an 81 Patienten mit rheumatoider Arthritis vorgestellt. Dabei wurden 42 Patienten Placebos, den übrigen 39 Patienten Weihrauchpräparate verabreicht. Das Ergebnis: Gegenüber den Patienten der Placebogruppe kam es bei den Patienten, die mit Weihrauch behandelt wurden, nach sechs bis zwölf Wochen zu einer deutlichen Abnahme von Gelenkschwellungen und Schmerzen, außerdem zu einem verbesserten Allgemeinbefinden mit verminderter Morgensteifigkeit. Nebenwirkungen wie gelegentlicher Durchfall oder Übelkeit traten nur selten auf.
Die Nachfrage von Patienten nach einer Weihrauchbehandlung steigt an. Viele Ärzte und Kliniken setzen das Mittel inzwischen erfolgreich ein. So wird u.a. in den folgenden Kliniken die Therapie mit Boswelliasäure angewendet:

- BioMed Klinik Bad Bergzabern (Dr. med. rer. nat. E.D. Hager)
- St. Vincentius Krankenhaus Karlsruhe (OA Dr. med. K. Futterer)
- Rheumaklinik Sonnengarten Bad Nenndorf (Dr. Wolfgang Brückle)
- Universitätsklinik Gießen (Dr. med. Michael Winking)
- Universitätsklinik Mannheim (Dr. Henning Gerhardt)

Placebo

Dabei handelt es sich um die Nachbildung eines Medikamentes ohne dessen entscheidende Wirkstoffe. Solche Scheinmedikamente werden bei der klinischen Prüfung von bestimmten Arzneimitteln verwendet, um deren tatsächliche pharmakodynamische Wirkung von den „suggestiven" Wirkungen zu trennen. Oft glaubt ja ein Patient an die Wirksamkeit eines Medikaments, das unter Umständen nur Milchpulver und Zucker enthält – wobei nicht selten die „erwünschte" Wirkung tatsächlich eintritt. Deshalb wird bei diesen Versuchen der Patient darüber im unklaren gelassen, ob er ein Placebo erhält. Nur so ist ein schlüssiger Vergleich mit einer Kontrollgruppe möglich, der das „echte" Medikament verabreicht wird.

- Die regelmäßige Einnahme von Weihrauchkapseln als Ergänzung zu den ärztlich verordneten Medikamenten lindert häufig schon nach wenigen Wochen die Beschwerden. In vielen Fällen können die anderen Medikamente nach einigen Monaten ganz abgesetzt werden.

- Verwenden Sie zusätzlich ein Weihrauch-Massageöl, mit dem Sie abends sanft die schmerzenden Glieder massieren und so der Morgensteifigkeit vorbeugen. Dazu geben Sie 40 Tropfen Weihrauchöl in 50 ml Avocadoöl oder reines Olivenöl. Beides ist in der Apotheke erhältlich. In eine dunkle Flasche abfüllen und vor Gebrauch gut schütteln.
- Setzen Sie außerdem auch Ihrem Badewasser jeweils 4–5 Tropfen Weihrauchöl zu – das entspannt Körper und Seele gleichermaßen.
- Boswellia-Creme gegen arthritische Schmerzen sollte bei Bedarf sanft in die schmerzenden Glieder einmassiert werden – dabei wieder darauf achten, nicht die Gelenke selbst zu berühren.

Wichtig!
Bei der Massage sollten Sie darauf achten, daß Sie nicht das schmerzende Gelenk selbst berühren, sondern mit den Fingerspitzen immer etwas ober- oder unterhalb des Gelenks bleiben – so wird dieses nicht zusätzlich gereizt.

Behandlung mit Gold

Die Hildegard-Medizin empfiehlt zur Behandlung der Arthritis Gold – beispielsweise in Form von Goldkeksen und Goldwein. Die entsprechenden Rezepte finden Sie unter dem Stichwort „Gicht".

Behandlung mit Kombinationspräparaten

Olibanum compositum

Auch die homöopathische Zubereitung von Weihrauch, die neben Olibanum auch Myrrhe und Gold enthält, kann zu einer nachhaltigen Linderung der Beschwerden führen. Das Präparat ist als Injektionsflüssigkeit erhältlich. Es wird je nach Verordnung 1 mal täglich oder 1–2 mal wöchentlich subkutan, das heißt unter die Haut, gespritzt. In Tropfenform werden 1–3 mal täglich 5–10 Tropfen eingenommen.

Arthrosis Deformans (Arthrose)

Ursachen und Symptome

Bei der Arthrose handelt es sich um eine degenerative (= durch Entartung von zellulären oder anderen Körperstrukturen verursachte) Gelenkerkrankung. Sie entsteht aus einem Mißverhältnis zwischen Belastbarkeit und Belastung der Gelenkknorpel – beispielsweise durch einseitige Belastung, Sport, plötzliche Belastung nach Bewegungsmangel, Übergewicht, Stoffwechselveränderung, Alterungsprozeß etc. Dadurch kommt es zu frühzeitigen Verschleißerscheinungen.

Symptome sind u.a.

- Spannungsgefühl und Steifigkeit in den betroffenen Gelenken.
- Nach Ruhephasen bereitet jede Bewegung zunächst einmal Schmerzen.
- Charakteristisch ist das dabei auftretende feine rasselnde oder knisternde Reibegeräusch in den Gelenken.
- Es kann zu Fehlstellungen der Gelenke kommen.

Behandlung mit Gold

Die homöopathische Medizin empfiehlt bei Arthrose u.a. die Behandlung mit Gold in Form von Globuli (Kügelchen) in der Verdünnung D12. Sprechen Sie mit Ihrem Arzt darüber!

Asthma

Asthma ist kein anatomisches oder organisches Leiden, sondern „nur" eine Funktionsstörung, die in den meisten Fällen mehr qualvoll als gefährlich ist. Betroffen sind dabei besonders die kleinen Bronchien (Bronchiolen), da diese im Gegensatz zu den großen Bronchien keine Wandverstärkung aus Knorpelspangen haben.

Ursachen und Symptome

Bei Bronchialasthma handelt es sich um Atemnotanfälle, die verschiedene Gründe haben können. Bei den Anfällen kommt es zu einer krampfartigen Verengung der Bronchialmuskulatur und zur Schwellung der Bronchialschleimhaut. Zähflüssiger Schleim bildet sich, die Atmung ist oft mit laut pfeifenden Geräuschen verbunden. Bei einem Asthmatiker ist vor allem die Ausatmung (Expiration) erschwert. Oft kommt es zu Husten mit glasigzähem Auswurf. Die Anfälle treten vor allem nachts auf und sind durch Atemnot, Erstickungsanfälle, Angstzustände, Schweißausbrüche und einen beschleunigten Puls charakterisiert. Die Atmung wird zunehmend keuchend und rasselnd, die Phasen des Einatmens verkürzen sich. Infolge des

Sauerstoffmangels verfärbt sich das Gesicht des Patienten häufig blaurot, er wird unruhig und ängstlich. Je nach auslösender Ursache können die Anfälle verschieden lang und stark sein.

Als Ursachen kommen in Frage:

- erbliche Veranlagung
- allergische Reaktionen
- Infekte
- klimatische Bedingungen
- psychische Probleme

Behandlung mit Weihrauch

Es ist eine interessante Tatsache, daß das Bronchialasthma meistens Menschen betrifft, die sehr sensibel, oft auch ängstlich und mutlos sind. Gerade ihnen kann die Weihrauchtherapie wegen der beruhigenden und stärkenden Wirkung häufig Linderung bringen.

- Vorbeugend, aber auch begleitend zur medikamentösen Therapie können (nach Absprache mit dem Arzt) Weihrauchkapseln eingenommen werden. Besonders chronisches Asthma spricht auf eine solche Behandlung sehr gut an. Nehmen Sie die Weihrauchkapseln täglich nach Packungsanweisung.
- Inhalationen (Kopfdampfbäder) wirken durch die feuchten Dämpfe beruhigend auf die Atemwege. Diese Wirkung wird durch das Beifügen von einigen Tropfen Weihrauchöl verstärkt. Da die Asthmaanfälle meistens nachts auftreten, empfiehlt sich ein solches Dampfbad besonders am Abend.
- Räucherungen mit Weihrauch erfüllen das Haus nicht nur mit einem angenehmen Duft, sondern tragen auch dazu bei, Asthmaanfälle zu lindern oder sogar ganz zu verhindern. Sie können auch einige Tropfen Weihrauchöl in eine Aromalampe oder in ein Schälchen mit heißem Wasser geben. Letztere Anwendung empfiehlt sich besonders für das Schlafzimmer: während der Nacht kann der Weihrauchduft wirken, ohne daß es zu einer Brandgefährdung durch das Teelicht in der Aromalampe kommen kann.

Wichtig!
Ein Asthmaanfall ist ein Notfall und gehört in ärztliche Behandlung! Bewahren Sie Ruhe und versuchen Sie, so regelmäßig wie möglich zu atmen. Üben Sie Atemtechniken oder Autogenes Training, um den Anfällen vorzubeugen oder sie abzumildern.

- Beruhigend wirkt auch ein Bad, dem Sie einige Tropfen Weihrauchöl zugesetzt haben. Die entspannende Wärme des Bades verbindet sich mit dem beruhigenden und entkrampfenden Duft des Weihrauchs und entfaltet so eine doppelte Wirkung.

Behandlung mit Myrrhe

Da die Myrrhe schleimlösend, desinfizierend und kräftigend wirkt, ist sie auch zur begleitenden Behandlung von Asthmaerkrankungen gut geeignet. Interessant ist vor allem die Aromatherapie.

- Brennen Sie immer wieder einmal etwas Myrrheharz oder ein Myrrhe-Räucherstäbchen ab.
- Geben Sie einige Tropfen Myrrheöl in Ihre Aromalampe oder in ein Schälchen mit heißem Wasser.
- Inhalieren Sie mit Myrrheöl. Die Verbindung des Wasserdampfes und der ätherischen Öle der Myrrhe beruhigen und lindern die Beschwerden. Besonders gut wirkt eine solche Inhalation bei Krampfhusten.
- Geben Sie einige Tropfen Myrrheöl ins einlaufende Badewasser.

Behandlung mit Kombinationspräparaten

Olibanum compositum

Die homöopathische Medizin bietet mit Olibanum compositum, das neben Weihrauch auch noch Myrrhe und Gold enthält, ein Produkt an, das vor allem bei durch psychische Gründe verursachtem Asthma wegen seiner beruhigenden und ordnenden Wirkung empfehlenswert ist. Es wird entweder als Injektion verabreicht (je nach Bedarf 1–2 mal wöchentlich bis zu 1 mal täglich) oder in Tropfenform.

Bauchspeicheldrüsenentzündung (Pankreatitis)

Die Bauchspeicheldrüse liegt quer im Oberbauch hinter dem Magen. Sie ist etwa 13 bis 18 Zentimeter lang und produziert den sogenannten Bauchspeichel – täglich etwa ½ bis ¾ Liter. Dieser ist zur Verdauung beispielsweise von Fett, Eiweiß und Kohlenhydraten notwendig. Auch lebenswichtige Hormone (unter anderem Insulin) werden in der Bauchspeicheldrüse produziert.

Ursachen und Symptome

Eine Pankreatitis kann verursacht werden durch

- Entzündungen im Bereich der abführenden Gallenwege
- Gallensteine
- Virusinfektionen
- Alkoholmißbrauch

> **Wichtig!**
> Eine akute Pankreatitis gehört unter allen Umständen in ärztliche Behandlung!

Eine akute Bauchspeicheldrüsenentzündung äußert sich vor allem durch plötzlich einsetzende Schmerzen im Oberbauch, die besonders auf der linken Seite in den Rücken ausstrahlen, außerdem durch Völlegefühl und Blähungen. Die chronische Bauchspeicheldrüsenentzündung ist häufig begleitet von chronischen Leber- oder Magenleiden oder durch Störungen des Eiweiß- und Fettstoffwechsels. Symptome sind auch hier Völlegefühl und Schmerzen im linken Oberbauch.

Behandlung mit Weihrauch

Nehmen Sie nach Rücksprache mit Ihrem Arzt Weihrauch-Kapseln oder Weihrauch-Tropfen ein. Da diese Produkte wirksam gegen alle entzündlichen Erkrankungen sind, finden sie auch Verwendung bei der Behandlung einer Bauchspeicheldrüsenentzündung.

Behandlung mit Kombinationspräparaten

Olibanum compositum

Dieses homöopathische Medikament enthält neben Weihrauch auch Myrrhe und Gold. Es wird als Injektion oder in Form von Tropfen verabreicht.

Bechterewsche Krankheit (Morbus Bechterew)

Dabei handelt es sich um eine rheumatische Erkrankung, die vorzugsweise das Stammskelett befällt. Darunter versteht man das gesamte Skelett mit Ausnahme der Extremitäten. Die Krankheit beginnt meist zwischen dem 20. und 30. Lebensjahr. Männer sind etwa zweimal häufiger davon betroffen als Frauen.

Wladimir Michajlowitsch Bechterew

Bechterew war ein russischer Psychologe und Neurologe, der von 1857 bis 1927 lebte. Er studierte in Frankreich und Deutschland und war bis 1907 Professor in Petersburg. Bereits 1886 schuf er in Kasan das erste russische experimentalpsychologische Labor, 1903 in Petersburg das Psychoneurologische Institut. Neben I. P. Pawlow ist er der Begründer der Lehre von den bedingten Reflexen. Er erforschte zudem die nach ihm benannte Bechterewsche Krankheit.

Ursachen und Symptome

Frühe Anzeichen sind häufig

- die entzündliche Erkrankung des tiefen Rückenbereichs, d.h. im Beckenbereich (Monarthritis). Typisch: in Bewegung verschwinden die Schmerzen, in Ruhe nehmen sie zu
- uncharakteristische Gelenkbeschwerden in den Beinen, besonders am Kniegelenk
- nächtlicher Kreuzschmerz, der bis in die Oberschenkel ausstrahlt.

Die Symptome des späteren Verlaufs sind bedingt durch Entzündungen der Gelenkkapseln und des Bindegewebes. Vor allem die zunehmende Versteifung der Wirbelsäule und die weit nach vorn gebeugte Haltung charakterisieren die Erkrankung.

Röntgenologisch kann ein totaler knöcherner Durchbau der Wirbelsäule, die sogenannte Bambusstab-Wirbelsäule, festgestellt werden. Allerdings ist dieser Verknöcherugsprozeß ursächlich nicht entzündlicher Natur, sondern die Entzündungsvorgänge laufen parallel zu der eigentlichen Krankheit ab.

Über die Ursachen der Erkrankung besteht noch keine Gewißheit. Familiär gehäuftes Auftreten und die Bevorzugung des männlichen Geschlechts sprechen allerdings für eine erbliche Komponente. Möglicherweise können Infektionen auslösende Faktoren sein.

Behandlung mit Weihrauch

Wie alle Erkrankungen des rheumatischen Formenkreises spricht auch die Bechterewsche Krankheit sehr gut auf die Behandlung mit Weihrauch an.

- Nehmen Sie nach Absprache mit Ihrem Arzt zur Unterstützung seiner Therapie Weihrauchkapseln oder -tropfen ein.

- Zur Schmerzlinderung können Sie auch Boswellia-Salbe verwenden.
- Nehmen Sie Weihrauchbäder - diese sind entspannend und schmerzlindernd. Fügen Sie einfach dem einlaufenden Badewasser einige Tropfen Weihrauchöl hinzu.
- Verwenden Sie regelmäßig ein Massageöl mit Weihrauchzusatz. Dazu 40 Tropfen Weihrauchöl mit 50 ml Avocadoöl oder reinem Olivenöl (beides in der Apotheke erhältlich) vermischen, in eine dunkle Flasche abfüllen und vor Gebrauch gut schütteln. Sanft in die betroffenen Stellen einmassieren.

Behandlung mit Kombinationspräparaten

Olibanum compositum

Das homöopathische Präparat Olibanum compositum enthält neben Weihrauch auch Myrrhe und Gold. Es kann zur Unterstützung anderer ärztlicher Maßnahmen angewendet werden und wird in Form von Injektionen oder Tropfen verabreicht.

Bluthochdruck (Hypertonie)

Ursachen und Symptome

Der arterielle Blutdruck wird bei Hypertonie über den altersgemäßen Wert gesteigert. Ein vorübergehend erhöhter Blutdruck kann entstehen durch

- Streß
- psychische Erregung
- Genußgifte (Kaffee, Nikotin usw.)
- als Nebenwirkung von Arzneimitteln und Ovulationshemmern (Pille)
- Vergiftungen (beispielsweise durch Schwermetalle)
- Funktionsstörungen des Herzens
- Komplikationen während der Schwangerschaft.

Eine dauerhafte Erhöhung des Blutdruckes kann ohne Behandlung zu schwerwiegenden Organ- und Gefäßschädigungen führen. In den Industrienationen gehört ein erhöhter Blutdruck zu den häufigsten Erkrankungen. Man unterscheidet nach primärem und sekundärem Hochdruck.

- Der primäre Hochdruck ist zwar mit 70–80% der Fälle die häufigste

Form, in seinen Ursachen allerdings weitgehend unbekannt. Man vermutet als Risikofaktoren erbliche Veranlagung, falsche Ernährung mit zu viel Fett und zu viel Kochsalz, Übergewicht, Nikotinmißbrauch und Streß.

- Der sekundäre Hochdruck ist Symptom einer bekannten Grundkrankheit. Dabei handelt es sich häufig um Verengungen der Nierenarterien, Thrombose oder Embolie, Nierenerkrankungen, Erkrankungen des Herzens oder der Blutgefäße.

Symptome sind

- Kopfdruck
- Kopfschmerzen (vor allem im Hinterkopf)
- Schwindelgefühl
- Ohrensausen
- Sehstörungen
- Atemnot bei körperlicher Belastung
- Blutandrang zum Kopf
- Nasenbluten
- Herzklopfen
- innere Unruhe
- Depressionen
- Gedächtnis- und Schlafstörungen
- leichte Ermüdbarkeit.

Wichtig!
Achten Sie auf eine geregelte Lebensführung und vermeiden Sie so weit wie möglich körperliche und seelische Belastungen. Hilfreich sind auch eine fett- und salzarme Kost, Einschränkung des Alkoholkonsums, wenn nötig eine Gewichtsreduzierung und strikter Nikotinverzicht.

Behandlung mit Gold

Die Homöopathie setzt bei der Behandlung von Bluthochdruck Gold (Aurum metallicum) in Form von Tabletten (Potenzen D6 und D4) oder Ampullen (Potenzen D8, D10 und höher) ein. Fragen Sie Ihren Arzt danach.

Behandlung mit Kombinationspräparaten

Aurum/Belladonna comp.

Die anthroposophisch erweiterte Medizin empfiehlt zur Behandlung von Bluthochdruck u.a. ein Kombinationspräparat, das neben Gold auch Auszüge der Tollkirsche enthält. Es wird in Form von Injektionen oder Globuli (Kügelchen) verabreicht.

Die Tollkirsche wirkt krampflösend und gefäßerweiternd.

Darmerkrankungen

Für die Gesundheit des Menschen ist es besonders wichtig, daß die Darmfunktionen ungestört verlaufen können - schließlich handelt es sich beim Darm um ein besonders großes Organ, das auch entsprechend anfällig ist. Als Darm im eigentlichen Sinne bezeichnet man den zwischen Magen und After befindlichen Verdauungstrakt. Beim erwachsenen Menschen beträgt die Darmlänge etwa drei Meter - in völlig ausgedehntem Zustand sogar bis zu acht Meter.

Im vorderen Abschnitt, dem Dünndarm, wird die Nahrung verdaut und in die Blutbahn aufgesaugt. Für seine Funktion benötigt er eine außerordentliche Beweglichkeit. Deshalb wird er durch die umgebenden anderen Organe der Bauchhöhle, durch das Mesenterium (eine große Falte im Bauchfell) und durch die Spannung der Bauchdecken festgehalten - so kann es nicht zu Verdrehungen und Verschlingungen kommen. Der hintere Abschnitt, der Dickdarm, dient der Resorption von Wasser, der Koteindickung und - ausscheidung.

Funktionelle Darmbeschwerden sind vor allem Durchfall und Verstopfung. Dazu kommt noch eine ganze Palette von Begleiterscheinungen: Blähungen, Völlegefühl, Bauchkrämpfe und anderes mehr. Diese Beschwerden, häufig durch Fehlernährung und Bewegungsmangel verursacht, sind in den letzten Jahren so sprunghaft angestiegen, daß Fachleute schon von „epidemischen Ausmaßen“ sprechen.

Leider nehmen auch die ernsthaften Darmerkrankungen zu. Darmkrebs gehört inzwischen zu den häufigsten Todesursachen. Chronische Darmentzündungen wie die von hartnäckigen blutigen Durchfällen begleitete Colitis ulcerosa (die geschwürige Form der Darmentzündung) und Morbus Crohn bekommen heute mehr und mehr auch jüngere Menschen.

Ein wichtiger Auslöser von Darmbeschwerden ist ein Ungleichgewicht der Darmbesiedlung (Dysbiose). Ein gesunder Darm enthält bis zu 1,5 Kilo nützlicher Bakterien, die den Darminhalt mit Milchsäure anreichern und krank machende Fäulniserreger in Schach halten. Dafür finden sie im Darm Nahrung - eine Symbiose im besten Sinne.

Wenn dieses Zusammenleben durch Streß, falsche Ernährung oder Medikamente gestört wird, verschiebt sich das bakterielle Gleichgewicht. Bestimmte Keime nehmen überhand und vergiften den Organismus mit ihren

Ausscheidungsprodukten. Gleichzeitig verliert der Dickdarm seine Beweglichkeit, was wiederum die Verdauungsabläufe stört. Dieser Teufelskreis hat fatale Folgen: in den Darmwänden nämlich sitzt ein Teil der körpereigenen Abwehr. Hier werden lebenswichtige Immunzellen gebildet, die gewissermaßen die „Gesundheitspolizei" des Körpers darstellen.
Der Begriff Darmerkrankungen ist weit gefaßt und kann von Durchfällen bis zu Verstopfungen reichen, aber auch Koliken und andere Erkrankungen beinhalten.

Behandlung mit Weihrauch

Weihrauch ist besonders geeignet zur Behandlung von Morbus Crohn und Colitis Ulcerosa, weshalb diese beiden Leiden im folgenden genauer beschrieben werden sollen. Vor allem tritt durch die Weihrauchtherapie eine deutliche Linderung bei Beschwerden wie Schmerzen, Bauchkrämpfen und Durchfällen ein.

Behandlung mit Myrrhe

Auf Myrrhepräparate sprechen besonders gut alle entzündlichen Erkrankungen des Dünn- und Dickdarms an, außerdem auch unspezifische Darminfektionen, Durchfälle, Krämpfe und Koliken sowie durch Kost- und Klimawechsel verursachte Darmstörungen.

- Nehmen Sie nach Absprache mit dem Arzt 3 mal täglich 4 Myrrhe-Dragees unzerkaut mit etwas Flüssigkeit ein.

Morbus Crohn

Dabei handelt es sich um eine Entzündung, die chronisch in Schüben verläuft und alle Abschnitte des Verdauungstraktes befallen kann. Vor allem tritt sie im unteren Abschnitt des Dünndarms auf. Dabei entstehen Narben und Geschwulste, die die Darmfunktionen schwerwiegend beeinträchtigen können. Die Diagnose ist meist nur durch Röntgen- und Gewebsuntersuchungen möglich.

Ursachen und Symptome

Über die Ursachen dieser Erkrankung gibt es bislang noch keine wissenschaftlich gesicherten Erkenntnisse. Es wird angenommen, daß es sich um eine Autoimmunkrankheit handelt, die durch Infekte ausgelöst wird.

Autoimmunkrankheit

Bei diesen Krankheiten reagiert der Organismus mit einer sogenannten Autoaggression auf das körpereigene Gewebe, das plötzlich als fremd erkannt wird. Der Schutz durch die „Körperpolizei" fehlt (es besteht also eine mangelhafte Immuntoleranz). Theoretisch kann jedes Gewebe des Organismus als „fremd" erkannt werden und dadurch eine Autoimmunkrankheit hervorrufen. Entstehende Erkrankungen können unter anderem Blutarmut, Schilddrüsen-, Nieren- und Nebennierenerkrankungen sowie die rheumatoide Arthritis sein. Auch die Crohnsche Krankheit ist vermutlich eine Autoimmunkrankheit.

- Meistens beginnt die Erkrankung mit Blähungen.
- Später treten krampfartige Bauchschmerzen, Durchfall und Fieber auf.
- Komplikationen können in Form von Darmverschluß und Fistelbildung entstehen.

Behandlung mit Weihrauch

- Nach Diagnosesicherung kann in Absprache mit dem Arzt eine Weihrauchtherapie eingeleitet werden. Im Anschluß an die Akutphase, bei der auch andere Medikamente eingesetzt werden, kann eine Dauertherapie ausschließlich mit Weihrauch folgen. Dabei werden die verordneten Weihrauchkapseln eingenommen.
- Entspannend und lindernd wirken Vollbäder, denen Sie einige Tropfen Weihrauchöl zusetzen.
- Auch eine sanfte Massage des Bauchbereichs mit einem Weihrauch-Massageöl kann hilfreich sein. Dazu vermischen Sie 40 Tropfen Weihrauchöl mit 50 ml Avocadoöl oder reinem Olivenöl (beides in der Apotheke erhältlich). In eine dunkle Flasche abfüllen und vor Gebrauch gut schütteln.

Behandlung mit Myrrhe

Zur unterstützenden Behandlung nehmen Sie nach Absprache mit dem Arzt 3 mal täglich 4 Myrrhedragees (Myrrhinil-Intest) unzerkaut mit etwas Flüssigkeit ein. Dieses Medikament wird bei entzündlichen Erkrankungen des Dünn- und Dickdarms (unterstützend auch bei Morbus Crohn und Colitis ulcerosa), unspezifischen Darminfektionen, Durchfällen, Krämpfen und

Koliken sowie bei durch Kost- und Klimawechsel verursachten Darmstörungen eingesetzt.

Durchfallerkrankungen

In Somalia und anderen ostafrikanischen und arabischen Staaten werden mit der Myrrhe Durchfallerkrankungen behandelt. Diese stellen gerade in den unterentwickelten Regionen eine ernsthafte Gesundheitsgefährdung dar. Bis zu 50% der Kindersterblichkeit in Afrika sind auf Durchfallerkrankungen zurückzuführen.

Behandlung mit Gold

Für die Behandlung von Darmerkrankungen aller Art empfiehlt die Hildegard-Medizin als unterstützendes Mittel der ärztlichen Maßnahmen das Gold – in Form von Goldkeksen und Goldwein. Die entsprechenden Rezepte finden Sie unter dem Stichwort „Gicht".

Behandlung mit Kombinationspräparaten

Olibanum compositum

Auch homöopathische Präparate, die neben Weihrauch Myrrhe und Gold enthalten, können Anwendung finden. Hierbei gibt es zwei verschiedene Anwendungsformen:

- subkutane Injektionen (dabei wird die Injektionsflüssigkeit unter die Haut gespritzt), 1-2 mal wöchentlich bis 1 mal täglich
- die Einnahme von Tropfen, 1-3 mal täglich 5-10 Tropfen.

Colitis Ulcerosa

Bei Colitis Ulcerosa handelt es sich um eine entzündliche Erkrankung des Dickdarms. Charakteristisch sind schleimig-blutige Durchfälle, geschwürige Darmwandzerstörungen, die bei einem Durchbruch zur Bauchfellentzündung führen können. Es kann zu Schrumpfungsvorgängen kommen und in deren Folge es zu einer Darmverengung.

Behandlung mit Weihrauch

Obwohl Colitis ulcerosa heute heilbar ist, kann es immer wieder zu Rückfällen kommen. Aus diesem Grund ist die weiterführende Behandlung mit Weihrauch besonders empfehlenswert. Zur Behandlung der Colitis ulcerosa siehe: Morbus Crohn.

Behandlung mit Myrrhe

siehe: Morbus Crohn

Behandlung mit Kombinationspräparaten

Olibanum compositum

siehe: Morbus Crohn

Frauenleiden

Viele Erkrankungen und Leiden sind frauenspezifisch: Menstruation, Schwangerschaft, Geburt, Stillzeit, aber auch die Anfälligkeit von Gebärmutter und Vagina für Pilze und Viren können zu vielfältigen Leiden führen, die oft langwierig und schmerzhaft sind. Das bedeutet allerdings nicht, daß Frauen von Natur aus anfälliger gegen Krankheiten sind. Sie achten nur mehr auf ihren Körper, weil er ihnen durch die natürlichen Gegebenheiten wesentlich bewußter ist, als dies bei Männern der Fall ist. Vielleicht ist dies ein Grund dafür, daß Frauen im allgemeinen älter werden als Männer.

Besonders während der Schwangerschaft und bei der Geburt setzten Frauen überall in der Welt seit Jahrtausenden Naturheilmittel ein, um Schmerzen zu lindern und Erkrankungen zu vermeiden oder zu heilen. Ärzten war es nur selten erlaubt, sie zu untersuchen, und Ärztinnen gibt es ja erst seit etwa hundert Jahren. Also mußten die Frauen sich selbst helfen – mit den Mitteln, die ihnen die Erfahrung an die Hand gab. Nicht selten wurden solche heilkundigen Frauen der Hexerei bezichtigt und mußten für ihre Hilfe, die sie anderen Frauen angedeihen ließen, mit dem Tod auf dem Scheiterhaufen bezahlen.

Heute gibt es zwar das medizinische Spezialfach der Frauenheilkunde (Gynäkologie), aber immer noch (oder wieder) vertrauen Frauen oft lieber den bewährten Naturheilmitteln.

Ursachen und Symptome

Der Komplex der Frauenkrankheiten ist so umfangreich, daß er hier weder in seinen Ursachen noch in seinen Symptomen abgehandelt werden kann.

Die weiblichen Geschlechtsorgane sind ganz allgemein empfindlich gegenüber Pilz- und Virusbefall. Dabei kann es zu Scheiden- und Gebärmutterentzündungen kommen. Auch Menstruationsbeschwerden, Beschwerden während der Schwangerschaft und Geburt sowie während der Wechseljahre können auftreten. In vielen Fällen helfen Naturheilmittel.

> **Wichtig!**
> Die regelmäßige Vorsorgeuntersuchung ist nach wie vor wichtig, um eventuellen Krebserkrankungen rechtzeitig wirksam begegnen zu können!

Behandlung mit Weihrauch

In den traditionellen „Weihrauchländern“ (beispielsweise Indien und Ostafrika) wurde und wird das Harz zur Behandlung spezifischer Frauenleiden - beispielsweise bei Ausfluß und zur Förderung der Menstruation - angewendet. Dies wird auch in Europa und Amerika bereits 1879 im medizinischen Jahrbuch „The National Dispensatory“ durch die Wissenschaftler A. Stille und J.M. Maisha dokumentiert. In China wurde Weihrauch innerlich bei Menstruationsschmerzen verabreicht. Im Jemen und in anderen arabischen Ländern wird die rötliche Unterrinde des Weihrauchstrauches gegen die Morgenübelkeit während der Schwangerschaft gekaut. Während der Geburt und mehrere Tage danach wird das Wochenzimmer reichlich mit Weihrauch geräuchert - dadurch soll die Geburt erleichtert und auch eventuelle Infektionen verhindert werden.

Räucherungen bei der Geburt

Räucherungen dieser Art sind in der ganzen Welt bekannt – beispielsweise bei den Indianern und bei den australischen Aborigines, die statt des bei ihnen nicht vorkommenden Weihrauchs andere Harzpflanzen mit ähnlicher Wirkung verwenden. Obwohl es oft darum geht, „böse Geister“ von Mutter und Kind fernzuhalten, haben diese Räucherungen durchaus auch einen handfesten medizinischen Sinn: Sie wirken nicht nur beruhigend auf die Psyche, sondern oft auch keimtötend

- Bei Brustgeschwüren, die durch Stillen verursacht werden können, empfiehlt sich die Anwendung von Weihrauchmilch. Dieses Rezept geht auf die ägyptische Königin Kleoptra (69 v. Chr. - 30 v. Chr.) zurück: Zerstoßen Sie etwas Weihrauchharz zu Pulver und geben Sie eine Messerspitze davon in eine halbe Tasse frische, unbehandelte Milch. Tauchen Sie ein Leinentaschentuch in die Flüssigkeit und legen es auf die schmerzende Brust. Bis zum Antrocknen liegenlassen. Die Behandlung mehrmals täglich wiederholen.
- Bei Ausfluß können Sie Weihrauchkapseln oder -tropfen nach ärztlicher Verordnung oder Packungsvorschrift einnehmen.
- Räucherungen wirken immer entspannend und beruhigend, sollten also als begleitende Maßnahme ebenfalls durchgeführt werden. Zünden Sie Weihrauch-Räucherstäbchen an, verbrennen Sie Weihrauchharz über Holzkohle oder geben Sie einige Tropfen Weihrauchöl in eine Aromalampe oder in ein Schälchen mit kochend heißem Wasser.

Behandlung mit Gold

Die Homöopathie empfiehlt das Gold bei Gebärmutterleiden, vor allem bei Geschwulsten und Verhärtungen. Fragen Sie Ihren Arzt danach!

Behandlung mit Kombinationspräparaten

Aurum/Apis regina comp.

Die anthroposophisch erweiterte Medizin bietet – vor allem zur Behandlung von Stimmungsschwankungen während der Wechseljahre – ein homöopathisches Präparat an, das neben anderen Inhaltsstoffen vor allem Gold und Bienengift enthält. Es wird in Form von Injektionen oder Globuli (Kügelchen) angewendet.

Bienengift

Bienengift ist ein Sekret aus den Drüsen der weiblichen Honigbiene. Es ist hochwirksam, wie man bereits einige Minuten nach einem Bienenstich an dem scharfen Schmerz feststellen kann. Bienengift wurde bereits im Altertum zur Reizkörpertherapie gegen Muskelrheumatismus, Neuralgien und Gelenkbeschwerden verwendet. Auch heute findet es eine vielfältige Anwendung in der Naturheilkunde.

Auroplatin
Dieses homöopathische Präparat enthält neben Gold auch verschiedene Pflanzenauszüge. Es eignet sich vor allem zur Behandlung von nervösen und depressiven Zuständen bei Menstruations- und Klimakteriumsbeschwerden. Es wird in Tropfen- und Tablettenform verordnet.

Gicht

Ursachen und Symptome

Bei der Gicht handelt es sich um eine Stoffwechselstörung, bei der es durch Anstieg des Harnsäurespiegels zu einer Ablagerung von harnsauren Salzen vor allem in den Gelenken und ihrer Umgebung sowie in inneren Organen kommen kann. Ursachen sind u.a.

- falsche Eßgewohnheiten (zuviel Fleisch und Fett, Genußgifte wie Alkohol, Nikotin und Süßigkeiten)
- Kälteeinwirkung
- traumatische Einwirkungen (Operationen, Verletzungen)
- Überanstrengung
- Infektionskrankheiten.

Akute Gichtanfälle treten besonders häufig nachts und frühmorgens auf und können Tage bis Wochen andauern. Insbesondere sind einzelne Gelenke betroffen, überwiegend ein Großzehengrundgelenk, das Sprunggelenk, ein Daumengrundgelenk oder ein Kniegelenk, aber auch die Sehnenscheiden.

Symptome sind

- starke Schmerzen und Berührungsempfindlichkeit
- Entzündung mit Schwellung, Rötung und Überwärmung
- Allgemeinreaktionen wie Fieber, Krankheitsgefühl, Herzjagen.

Die chronische Gicht ist durch Gichtknoten gekennzeichnet, die im gelenknahen Knochen- oder Knorpelbereich auftreten und bei Verletzungen zu schlechtheilender Fistelbildung sowie zu eitriger Entzündung des umgebenden Gewebes führen können. Auch fortschreitende Gelenkschädigungen (Deformierung, Bewegungseinschränkung, Versteifung) können eintreten.

Behandlung mit Gold

Die Hildegard-Medizin empfiehlt bei Gichterkrankungen die Behandlung mit Gold. Dieses wird in den inzwischen weithin bekannten „Goldkeksen“ verbacken, die es in manchen Geschäften und Apotheken, die sich auf die Hildegard-Medizin spezialisiert haben, zu kaufen gibt. Sie können die Goldkekse aber auch selbst herstellen:

Goldkekse

Hildegards Originalrezept für Goldkekse (aus ihrem großen medizinischen Werk „Physica"):
„Man nehme Gold und koche es, so daß nichts Schmutziges in ihm ist und nichts davon verschwinde. Dann pulverisiere man es, das heißt, man mahle es. Dann nehme man etwas Mehl in der Menge einer halben Handfläche und knete es mit Wasser. Diesem Teig gebe man etwas Goldpulver bei vom Gewicht einer kleinsten Münze. Diesen Teig esse man nüchtern am frühen Morgen."

Natürlich ist es heute nicht mehr nötig (und wohl auch kaum möglich), Gold selbst zu schmelzen und zu mahlen. Das Goldpulver erhalten Sie in auf die Hildegard-Medizin spezialisierten Läden und Apotheken oder im Versandhandel. Dabei handelt es sich um reines Nugget-Goldpulver, das weder verfälscht noch verunreinigt ist.
Die „Goldkur“ dauert zwei Tage und wird einmal im Jahr durchgeführt:

1. Tag

1 Päckchen Goldpulver (0,6 g), 2 EL Dinkelfeinmehl (aus dem Reformhaus) und 1 EL Wasser zu einem Teig verkneten. Den rohen Teig morgens nüchtern etwa eine halbe Stunde vor dem Frühstück essen.

2. Tag

Aus den gleichen Zutaten einen Teig herstellen, Plätzchen daraus formen und diese im Backofen bei 180 Grad 10 Minuten backen. Ebenfalls morgens nüchtern etwa eine halbe Stunde vor dem Frühstück essen.
Hildegard merkt an, daß das Gold etwa zwei Monate lang im Magen verbleibt und für ein Jahr die Gicht von einem Menschen fernhalten kann. Sie empfiehlt ihre Goldkekse übrigens nicht nur kranken, sondern auch gesunden Menschen: „Wenn das ein gesunder Mensch macht, dann bleibt sei-

ne Gesundheit erhalten, und wenn er krank ist, so wird er wieder gesund." Als Ergänzung zu den Keksen empfiehlt die Hildegard-Medizin den Goldwein.

Goldwein

> Hildegards Originalrezept:
> „Nimm reines Gold und bringe es in einem Topf oder in einem Geschirr zum Glühen, und so es erhitzt, gebe es in reinen Wein, damit dieser davon warm werde, und mache das oft, und die Gicht wird von dir weichen."

Zur Zubereitung des Weines können Sie ein Goldstück (Goldbarren, Münze oder Nugget) über offenem Feuer bis zum Glühen erhitzen (Zange und Handschuhe dabei verwenden!). Das Goldstück dann in 1 l Wein legen und den Vorgang so lange wiederholen, bis der Wein warm ist. Von diesem Wein täglich drei kleine Likörgläser trinken (vorher leicht erwärmen). Einfacher ist es, einen Reisetauchsieder (der nicht verchromt sein sollte) beim Juwelier vergolden und gleichzeitig ein Goldstück von hohem Reinheitsgehalt anlöten zu lassen. Auch dadurch wird der Wein durch erhitztes Gold erwärmt. Den Goldwein gibt es auch fertig zu kaufen, in spezialisierten Reformhäusern und Apotheken oder im Versandhandel.
Die Goldkur mit Keksen wird einmal im Jahr durchgeführt, den Wein darf man über längere Zeit (etwa 2-3 Wochen lang) trinken.

Grippale Infekte

Durch Tröpfcheninfektion (beispielsweise Anhusten oder Anniesen) kommt es sehr häufig zu einem grippalen Infekt. Aber auch Kälte und Zugluft sowie eine allgemein geschwächte Konstitution begünstigen die Erkrankung, die gehäuft im Herbst und im Frühjahr auftritt. Entweder durch grippale Infekte verursacht oder als Folge von ungünstigen Umweltbedingungen, Mangelernährung oder als Folge von Mangelerkrankungen kann es zu Atemwegsbeschwerden kommen.

Erkältungen sind gesund!

Diese Behauptung mag paradox klingen, aber Wissenschaftler haben herausgefunden, daß Infekte wie ein Training für das Immunsystem wirken. Dadurch wird dieses gestärkt für den Kampf gegen entartete Zellen und kann so das Krebsrisiko senken. Deshalb sollten Sie kleinere Infekte nicht mit Antibiotika behandeln, sondern mit Hausmitteln das körpereigene Immunsystem unterstützen und stärken.

Behandlung mit Weihrauch

Besonders Atemwegsbeschwerden können in vielen Fällen mit Weihrauch behandelt werden, nicht zuletzt über die Aromatherapie. Diese wird nicht nur in Indien, sondern auch in Afrika und in Westindien mit Erfolg praktiziert. Weihrauch wirkt stark auswurffördernd und schleimlösend, ist also vor allem bei Bronchialbeschwerden und nächtlichem Reizhusten zu empfehlen. Neben der Einnahme von Weihrauchpräparaten wirkt hier besonders die Aromatherapie, weil sie Husten und Schnupfen lindern hilft.

Wichtig!
Falls Sie keine elektrisch betriebene Aromalampe haben, unbedingt rechtzeitig das Teelicht ausblasen, bevor Sie einschlafen! Als Alternative können Sie einige Tropfen Weihrauchöl in ein Schälchen mit heißem Wasser geben.
Wenn Sie eine solche Schale im Kinderzimmer aufstellen, achten Sie darauf, daß das heiße Wasser außer Reichweite des Kindes steht, damit dieses sich nicht verbrühen kann.

- Nehmen Sie – nach Rücksprache mit ihrem Arzt – täglich Weihrauchkapseln oder -tropfen nach der Packungsvorschrift ein.
- Sehr wirksam gegen die Beschwerden eines grippalen Infekts ist auch die Aromatherapie. Dazu einige Tropfen Weihrauchöl in eine Aromalampe oder in ein Schälchen mit kochend heißem Wasser geben und über Nacht im Raum verdunsten lassen.
- Auswurffördernd und schleimlösend wirken Kopfdampfbäder. Dazu einige Tropfen Weihrauchöl in eine Schüssel mit heißem Wasser geben. Den Kopf darüber beugen und Kopf und Schüssel mit einem großen Handtuch einhüllen. Etwa 10 Minuten lang inhalieren.
- Einreibungen des Brustkorbs mit Weihrauchöl wirken ebenfalls entkrampfend und lösend. Dazu mischen Sie das Weihrauchöl im Verhältnis 1:10 mit Avocado- oder reinem Olivenöl (beides in der Apotheke erhältlich) und massieren damit sanft Hals, Brustregion und Rücken.

- Auch ein Bad mit einem Zusatz von Weihrauchöl wirkt entspannend und krampflösend. Geben Sie dazu einige Tropfen Weihrauchöl in das einlaufende Badewasser. Nach dem Bad sofort ins warme Bett gehen.
- Zur Vorbeugung gegen grippale Infekte wirken Räucherungen der Wohnung mit Weihrauch. Durch diese Art der „Raumdesinfektion“ wird das körperliche Immunsystem gestärkt. Dazu legen Sie etwas Weihrauchharz auf ein Stückchen Holzkohle und lassen die wohltuenden Düfte alle Räume durchziehen. Oder zünden Sie hin und wieder eine Weihrauch-Räucherkerze an.

Behandlung mit Myrrhe

Myrrhe wirkt nicht nur antiseptisch, sondern auch kräftigend und beruhigend auf die Atemwege. Der englische Arzt Nicholas Culpeper (1614–1654) beschreibt in seinem Kräuterbuch diese Wirkung und empfiehlt die Myrrhe, wenn „Rachen und Luftröhre rauh sind".

- Geben Sie bei Husten und Halsschmerzen 5 Tropfen Myrrhetinktur auf ein Stückchen Zucker und lassen Sie dieses im Munde zergehen. Zweimal täglich einnehmen.
- Bei Atemwegsbeschwerden hilft auch die aromatherapeutische Anwendung der Myrrhe. Sie können zur Räucherung das Harz oder Räucherstäbchen verbrennen. Oder geben Sie etwas Myrrheöl in Ihre Aromalampe oder in ein Schälchen mit heißem Wasser. Die Verwendung der Myrrhe entspricht der von Weihrauch (siehe oben).
- Die Kommission E des Bundesgesundheitsamtes empfiehlt die Myrrhe vor allem zur Behandlung von Halsschmerzen. Gurgeln Sie täglich mehrmals mit einem Myrrhe-Mundwasser. Dazu vermischen Sie 40 Tropfen Myrrhetinktur mit 50 ml 90%igem Alkohol (in der Apotheke erhältlich). In ein dunkles Fläschchen abfüllen und vor Gebrauch gut schütteln. Einen Spritzer davon in lauwarmes Wasser geben.

Behandlung mit Kombinationspräparaten

Olibanum compositum

Bei grippalen Infekten hilft auch die homöopathische Medizin. Das genannte Präparat enthält neben Weihrauch auch Myrrhe und Gold. Es wird entweder subkutan - also unter die Haut - eingespritzt oder in Form von Topfen eingenommen.

Gürtelrose (Herpes zoster)

Eine Gürtelrose ist sehr schmerzhaft, denn der akute Bläschenausschlag, der sich meistens über Brust- und Rückengegend hinzieht, ist von Brennen, Jucken und neuralgischen Schmerzen begleitet. Die Gürtelrose tritt fast ausnahmslos einseitig auf und folgt dem Verlauf bestimmter Hautnerven.
Die Gürtelrose beginnt in den meisten Fällen mit Schmerzen in einem Hautbereich, auf dem dann Bläschen mit heller bis gelblicher Flüssigkeit entstehen. Die befallenen Hautstellen röten sich und schwellen an. Sie werden äußerst berührungsempfindlich, es kann auch zu Nervenschmerzen kommen. Als Nebeneffekte können Schweißausbrüche und Fieber auftreten.
Die Gürtelrose setzt sich am Brustkorb und im Lendenbereich fest, kann aber auch im Gesicht auftreten. Sie wird durch eine durch das Zostervirus ausgelöste Nervenentzündung verursacht.

Medizin oder Magie?

Eine Gürtelrose sollte in jedem Fall ärztlich behandelt werden. Leider kann man gegenwärtig nur nebenwirkungsreiche Antivirusmedikamente und Schmerzmittel verordnen, außerdem lindernde Salben. Viele Patienten (und auch manche Ärzte) schwören deshalb auf das sogenannte Besprechen, das gerade bei dieser Erkrankung erstaunliche Heilerfolge erzielen kann – aus noch ungeklärten Gründen.

Behandlung mit Gold

Die homöopathische Medizin bietet zur Behandlung der Gürtelrose das Gold (Aurum metallicum) in Tabletten- oder Ampullenform an. Fragen Sie Ihren Arzt danach!

Hämorrhoiden

Hämorrhoiden sind nicht, wie oft behauptet wird, „Krampfadern“ (also Venen) im After, sondern Wucherungen des After-Schwellkörpers, die arterielles Blut führen (daher auch die hellrote Farbe bei blutenden Hämorrhoiden).

Ursachen und Symptome

Hämorrhoiden sind meist erblich bedingt. Sie verstärken sich durch üppiges Essen, scharfe Gewürze, sitzende Tätigkeit und häufige Stuhlverstopfung.

Hämorrhoiden sollten schon im Anfangsstadium (Afterjucken, Abgang von „Feuchtigkeit") behandelt werden. Kommt es zum Austritt von Hämorrhoiden aus dem After (Spätstadium), ist eine Heilung schwierig.

Vorbeugung

- Sorgen Sie für regelmäßigen, weichen Stuhlgang. Dörrpflaumen und Dörrpflaumensaft sind dafür ideale Hausmittel.
- Achten Sie auf Sauberkeit! Waschen Sie den Afterbereich nach jedem Toilettengang und wechseln Sie täglich die Unterwäsche.
- Essen Sie viel Ballaststoffe (Getreide), frisches Obst und Gemüse, auch in Form von Säften.
- Trainieren Sie den Afterschließmuskel: Öfter am Tag den Schließmuskel kräftig zusammenziehen und wieder erschlaffen lassen.

Behandlung mit Myrrhe

Schon in Mesopotamien wurde Myrrhe für Umschläge bei Hämorrhoiden verwendet. Die heilende Wirkung der Myrrhe beruht auf ihren antiseptischen, antiphlogistischen (entzündungshemmenden) und vor allem ihren adstringierenden (zusammenziehenden) Eigenschaften.

Vermischen Sie einige Tropfen Myrrhenöl mit 2 TL Honig und geben Sie die Mischung in ein Cremetöpfchen. Regelmäßig etwas von dieser Salbe auf ein Mulläppchen streichen und auf die betroffenen Stellen auflegen.

Harnwegsinfektionen

Meistens handelt es sich dabei um eine Blasenentzündung (Zystitis), die bei Frauen wesentlich häufiger auftritt als bei Männern. Der Grund dafür ist, daß die Krankheitserreger durch die kurze Harnröhre schneller in die Blase eindringen können.

Ursachen und Symptome

Für dieses schmerzhafte Leiden kommen verschiedene Ursachen in Frage:

- Abkühlungen, kalte Füße, Erkältungen
- Verstopfung
- Blasensteine
- ein allgemein schlechter Gesundheitszustand (fehlende Abwehrkräfte)
- Reizstoffe, die beispielsweise in Seifen und Intimsprays enthalten sind
- eine bestehende Gebärmutter- oder Blasensenkung (die Krankheitserreger können sich im gestauten Urin besonders leicht vermehren)
- Darmbakterien, die vom nahe gelegenen After in die Harnröhre gelangen (etwa 50% aller Blasenentzündungen werden dadurch verursacht).

Die Symptome einer Blasenentzündung sind:

- Brennen beim Wasserlassen
- häufiger Harndrang
- mitunter krampfartige Schmerzen im Unterleib
- Blut oder Schleim im Harn
- Fieber
- Rückenschmerzen.

Behandlung mit Weihrauch

Da die meisten Harnwegsinfektionen sehr schmerzhaft sind, ist Weihrauch wegen seiner schmerzlindernden und entzündungenshemmenden Wirkung zumindest zur begleitenden Behandlung gut geeignet.

- Nehmen Sie - nach Absprache mit Ihrem Arzt - Weihrauchkapseln oder -tropfen ein. Die Einnahme erfolgt nach Vorschrift des Arztes oder nach den Angaben der Packungsbeilage.
- Zur Schmerzlinderung kann auch Boswellia-Salbe verwendet werden.
- Entspannend und lindernd wirken Bäder mit einem Weihrauchzusatz.

Geben Sie dafür einige Tropfen Weihrauchöl in das einlaufende Badewasser.

- Verwenden Sie regelmäßig ein Massageöl mit Weihrauchzusatz. Dazu vermischen Sie 40 Tropfen Weihrauchöl mit je 50 ml Avocado- und reinem Olivenöl (beides in der Apotheke erhältlich). In eine dunkle Flasche abfüllen und vor Gebrauch gut schütteln. Mit dem Öl sanft den Unterleib massieren.

Ibn Sina

Schon der große arabische Arzt Ibn Sina (etwa 980–1037), der auch Avicenna genannt wurde, verwendete Weihrauch gegen Harnwegsentzündungen. Vor ihm hatte bereits der römische Enzyklopädist Aulus Cornelius Celtis (etwa 25 v. Chr.–50 n. Chr.) in seinem Buch „Über die Arzneiwissenchaft„ den Weihrauch in diesem Zusammenhang empfohlen.

- Sitzbäder können allein schon durch die feuchte Wärme Harnwegsbeschwerden deutlich lindern. Noch wirksamer werden sie, wenn man dem warmen Wasser einige Tropfen Weihrauchöl zusetzt.
- Legen Sie feuchtwarme Kompressen auf die Blasengegend. Dazu wringen Sie ein Frottierhandtuch in warmem Wasser aus, dem einige Tropfen Weihrauchöl zugesetzt sind, und legen es auf den Blasenbereich. Mit einem trockenen Handtuch abdecken. Am wirksamsten sind diese Kompressen, wenn Sie dabei entspannt und warm zugedeckt im Bett liegen.
- Eine Räucherung mit Stäbchen oder dem reinen Harz dient der allgemeinen Entspannung und Beruhigung.

Behandlung mit Kombinationspräparaten

Olibanum compositum

Die homöopathische Medizin bietet Präparate an, die neben Myrrhe und Gold auch Weihrauch enthalten und eine entzündungshemmende und lindernde Wirkung haben. Diese können als Injektion oder in Tropfenform verabreicht werden.

Hauterkrankungen und Allergien

Entzündliche Veränderungen der Haut (beispielsweise Ausschläge oder auch Krätze) können die verschiedensten Ursachen haben. Beispielsweise können Infektionskrankheiten oder Allergien der Grund sein, aber auch Ernährungsfehler, Umwelteinflüsse oder seelische Probleme können eine Rolle spielen.

Ursachen und Symptome

Mehr als 20 Prozent der Bevölkerung leiden unter Allergien. Dazu gehören neben Asthma und Heuschnupfen auch entzündliche Hautausschläge. Eine Allergie entsteht, wenn – nach Kontakt mit einem Reizstoff – unser Immunsystem nicht mehr zwischen schädlichen und unschädlichen Stoffen unterscheiden kann und Antikörper auch gegen ungefährliche „Eindringlinge" bildet. So kommt es zu einer Überreaktion des Körpers.

Die Haut wird vor allem durch „Kontaktallergien" betroffen, die durch einfache Berührung (beispielsweise mit nickelhaltigem Modeschmuck, bestimmten Textilien, Putzmitteln usw.) entstehen können. Auch berufsbedingte Kontaktallergien können auftreten. Besonders betroffen sind Bäcker, Maurer, Kfz- und Metallarbeiter, die sich häufig aufgrund einer Allergie umschulen lassen müssen. Aber auch in Friseurläden und textilverarbeitenden Betrieben treten oft Allergien auf. Obwohl es Stoffe gibt, die schädlicher sind als andere, kann jeder Mensch grundsätzlich gegen alles allergisch sein. Das schließt auch „Naturprodukte" ein – man denke nur an Bienenstiche oder an die Bärenklaupflanze.

Weltweit sind sieben Millionen Chemikalien registriert, mit bis zu 60.000 haben wir es täglich zu tun! Weit über 200 Zusatzstoffe sind in unseren Lebensmitteln zugelassen. Einige Substanzen lösen innerhalb von Sekunden eine Allergie aus, andere machen sich erst nach Tagen bemerkbar.

Die Suche nach dem Allergie-Auslöser gleicht oft der berühmten Suche nach der Stecknadel im Heuhaufen. Von den 150.000 bekannten Reizstoffen hat ein erfahrener Allergologe etwa 300 als Testlösungen im Kühlschrank. Für die Suche nach dem „Krankmacher" werden verdächtige Allergene

- auf die Haut aufgetragen (Patchtest)
- eingeritzt (Scratch- oder Pricktest), oder
- eingespritzt (Intrakutantest).

Ihr persönliches „Allergieprotokoll"

Führen Sie bei entsprechenden Beschwerden Buch über möglichst alle Dinge, mit denen Sie in den letzten Tagen oder Stunden vor dem Auftreten der Allergie in Berührung gekommen sind. Das gilt auch für Nahrungsmittel und Medikamente. Auch scheinbar banale Ereignisse können wichtig sein – wie zum Beispiel der Kauf bestimmter Blumen, das kurzzeitige Halten eines Pelzmantels vor der Garderobe, das Streicheln eines Haustieres, die Benutzung eines fremden Gesichtswassers oder eines neuen Shampoos. Vermerken Sie auch, ob es einen örtlichen oder zeitlichen Zusammenhang zwischen dem Auftreten der Hautreaktionen und der beruflichen Tätigkeit gab, oder ob es im Urlaub zu einer Besserung kam. Durch ein solches Protokoll erleichtern Sie Ihrem Arzt die „Detektivarbeit", das auslösende Allergen zu finden.

Je nach Reaktion, Rötung und Größe der entstehenden Quaddel läßt sich die Zahl der Allergene eingrenzen.
Zur Behandlung werden häufig Cortison-Präparate verschrieben. Diese sollten in schweren Fällen genau nach Anweisung eingenommen werden. Die Behandlung darf nicht zu lange durchgeführt werden, damit keine schädlichen Nebenwirkungen entstehen.

Cortison

Cortison ist ein Hormon der Nebennierenrinde. Für medizinische Zwecke ist dieses synthetisch nachgebaut worden. Bei akuten Erkrankungen ist eine kurzfristige Anwendung von Cortison oft hilfreich und auch unschädlich. Bei längerer innerlicher und äußerlicher Anwendung kann es jedoch zu gravierenden Nebenwirkungen kommen. Dazu gehört nicht nur das typische „Vollmondgesicht", sondern auch eine Lähmung der körpereigenen Immunzellen. Bei längerer Anwendung von Cortisonpräparaten haben die Patienten oft kaum noch Abwehrzellen (Lymphozyten).

Behandlung mit Weihrauch

Zur Zeit wird Weihrauch als nebenwirkungsfreier Ersatz für die Verwendung von Cortison bei manchen Erkrankungen untersucht. Zwar gibt es noch keine wissenschaftlich fundierten Ergebnisse, aber Weihrauchpräparate können nach Absprache mit dem Arzt durchaus unterstützend bei einer Therapie wirken und diese sogar abkürzen.

Hauterkrankungen

Hauterkrankungen, die besonders gut auf Weihrauch ansprechen

- Lupus erythematodes

Dabei handelt es sich um entzündliche Erkrankungen des Bindegewebes, die sich unter anderem durch Hautgeschwüre und Gelenkbeschwerden äußern.

- Nesselsucht

Dies ist ein blasser oder rötlicher Hautausschlag mit stark juckenden Quaddeln, seltener mit Blasen verbunden, der sich rasch ausbreitet und den ganzen Körper einschließlich der Schleimhäute betreffen kann. Oft ist die Nesselsucht ein Zeichen für eine bestehende Allergie.

- Wunden und Geschwüre

Auch diese werden seit alters her mit Weihrauchextrakten und -pulvern behandelt (siehe: Wundbehandlung)

- Nehmen Sie in Absprache mit ihrem Arzt täglich nach Vorschrift Weihrauchkapseln oder Weihrauchtropfen.
- Schmerzlindernd wirkt die Behandlung der betroffenen Hautstellen mit Boswellia-Salbe.
- Weihrauchbäder wirken entspannend und lindernd. Fügen Sie dem einlaufenden Badewasser einfach einige Tropfen Weihrauchöl zu.
- Verwenden Sie regelmäßig ein Massageöl mit Weihrauchzusatz. Dazu mischen Sie 40 Tropfen Weihrauchöl mit 50 ml Avocado- oder reinem Olivenöl (beides in der Apotheke erhältlich). In eine dunkle Flasche abfüllen und vor Gebrauch gut schütteln. Die betroffenen Stellen sanft mit dem Öl einmassieren.
- Wenn die betroffene Hautstelle nicht zu groß ist, können Sie auch ein Weihrauchpflaster auflegen. Dazu verteilen Sie einige Tropfen Weihrauchöl auf einem Mulltüchlein und legen dieses auf die Haut auf. Mit Heftpflaster oder einer Binde fixieren und mindestens sechs Stunden einwirken lassen. Bei Bedarf diese Behandlung einige Male wiederholen.
- Da viele Hautkrankheiten psychosomatisch bedingt sind, ist Entspannung sehr wichtig. Der Weihrauchduft wirkt beruhigend auf die Psyche.

Verbrennen Sie deshalb bei Hautleiden immer wieder einmal ein Räucherstäbchen oder – über Holzkohle – ein Bröckchen Weihrauchharz.

Behandlung mit Kombinationspräparaten

Olibanum compositum

Das homöopathische Präparat enthält Weihrauch, Myrrhe und Gold und ist zur Behandlung von Hauterkrankungen gut geeignet. Es wird entweder als Injektion oder in Tropfenform verabreicht.

Herzbeschwerden

Ursachen und Symptome

Häufig sind – vor allem bei jüngeren Patienten – Herzbeschwerden nicht organischer Natur. Es handelt sich also nicht um krankhafte Veränderungen am Herzen, sondern um sogenannte funktionelle Herzbeschwerden (auch Herzneurose genannt). Die typischen Beschwerden sind

- Herzstechen
- Druck am Herzen
- mit Schwindelgefühlen verbundenes Herzjagen
- häufiges „Kloßgefühl“ im Hals
- Herzstolpern
- ängstliche Angespanntheit.

> Wichtig!
> Da diese Symptome denen eines drohenden Herzinfarktes gleichen, sollten Sie unbedingt einen Arzt aufsuchen, um sich Gewißheit zu verschaffen!

Die häufigsten funktionellen Herzleiden sind:

Herzschwäche

Durch unzureichendes körperliches Training kommt es zu verminderter körperlicher Leistungsfähigkeit. Man gerät schnell außer Atem und fühlt sich oft müde. Der Herzmuskel schafft die ihm abgeforderte Arbeit nicht mehr, weil er unterfordert ist. Folge: heftiges Herzklopfen bei der leichtesten Anstrengung, begleitet von Atemnot, Angst und Unwohlsein.

Herzrhythmusstörungen

Dabei gerät das Herz „aus dem Takt“: Es stolpert, weil es überreizt ist und weil Teile des Herzmuskels sich nicht mehr ordnungsgemäß zusammenziehen, um das Blut mitsamt dem Sauerstoff weiterzupumpen. Symptome sind Atemnot, Angst, Herzrasen und Herzschmerzen.

Herzstechen

Dies ist ein meist punktartiger Schmerz am Herzen, der sich beim tiefen Luftholen verstärkt und stunden- oder sogar tagelang anhalten kann. Diese typischen nervösen Herzbeschwerden entstehen durch streßbedingte Muskelverspannungen oder durch einen sogenannten Zwischenrippen-Nervenschmerz, der sich am Herzen bemerkbar macht, aber mit dem Herzen nichts zu tun hat.
Die häufigsten organischen Herzerkrankungen sind Herzinfarkt und Angina pectoris.

Herzinfarkt

Ein Herzinfarkt ist ein absoluter Notfall, der so schnell wie möglich in klinische Behandlung gehört! Bis der Notarzt eintrifft, sollte man zwei in Wasser aufgelöste Aspirin zu sich nehmen. Die Wirkung von Acetylsalicylsäure bei Herzinfarkt ist heute unumstritten.

Die Symptome bei Herzinfarkt sind

- starke Schmerzen in der Brust bis in den linken Arm
- Schweißausbrüche
- Übelkeit
- Beklemmungsgefühle bis zur Todesangst.

Angina pectoris

Bei dieser Herzbeklemmung oder Herzenge handelt es sich um anfallsweise auftretende Herzbeschwerden. Sie beruhen auf einer Funktionsstörung der Herzkranzgefäße, die den Herzmuskel mit Blut versorgen. Diese Gefäße haben entweder durch fehlerhafte nervöse Reizbeantwortung oder durch Arterienwandveränderungen die Fähigkeit verloren, sich dem wechselnden Sauerstoffbedarf des Herzens anzupassen.

Typische Symptome sind

- heftiger Schmerz oder Druck in der Herzgegend
- Angstgefühle.

Verursacht werden die Anfälle durch psychische Erregungen oder körperliche Anstrengungen (Gehen, Treppensteigen, Einnehmen einer größeren Mahlzeit). Sehr schwere Anfälle können auch durch einen Herzinfarkt verursacht werden.

Wichtig!
Um Anfällen vorzubeugen, sollten Sie abends vor dem Schlafengehen Hände und Unterame erst kühl, dann lauwarm, danach warm baden. Dadurch schaffen Sie günstige Durchblutungsverhältnisse für den Herzmuskel. Vor allen Dingen: Nicht rauchen!

Behandlung mit Gold

Die anthroposophisch erweiterte Medizin setzt das potenzierte ("verdünnte") Gold auf homöopathischer Basis zur Harmonisierung der Herztätigkeit ein. So wird beispielsweise bei Angina pectoris **Aurum metallicum** in Tablettenform in der Verdünnung D6 und D4 verordnet. Fragen Sie Ihren Arzt danach! Verschiedene Firmen bieten Goldtropfen in unterschiedlicher Zusammensetzung an. Diese Tropfen sind zwar nicht verschreibungspflichtig, sollten aber nur nach Rücksprache mit dem Arzt eingenommen werden.

Behandlung mit Kombinationspräparaten

Aurum compositum

Die anthroposophisch erweiterte Medizin bietet homöopathische Kombinationspräparate an, die neben Gold auch Weihrauch und Myrrhe enthalten. Sie sind besonders gut geeignet zur Behandlung funktioneller Herz-Kreislauf-Störungen und können auch bei Kindern angewendet werden. Das Mittel gibt es als Injektion oder in Form von Globuli (Kügelchen). Auch eine Salbe kann verwendet werden – man gibt sie auf ein Baumwolltuch und legt dieses auf die Herzgegend.

Aurum equisetum

Bei Herzmuskelschwäche eignet sich vor allem das in verschiedenen Potenzen (D10/15 und D30/15) erhältliche Kombinationspräparat, das neben Gold auch Schachtelhalmauszüge enthält. Es wird als Injektion oder in Form von Globuli (Kügelchen) verabreicht.

Tip:
Ackerschachtelhalm (Equisetum) wirkt wegen seines Kiselsäuregehaltes vor allem gegen Verkalkungen der Arterienwände.

Aurum/Stibium/Hyoscyamus

Dieses homöopathische Präparat enthält neben Gold auch Auszüge von Antimon und Bilsenkraut. Es ist besonders wirksam bei funktionellen Herzbeschwerden und Extrasystolie (außerhalb des regulären Grundrhythmus vorzeitig oder verspätet auftretende Herzschläge). Aurum/Stibium/Hyoscamus wird in Form von Injektionen oder als Globuli (Kügelchen) verabreicht. Bei Bradykardie (sehr langsame Schlagfolge des Herzens) sollte es nicht angewendet werden.

> Wichtig!
> Antimon und Bilsenkraut sind hochgiftig, werden aber in homöopathischer Aufbereitung zu unschädlichen und trotzdem wirksamen Heilmitteln.

Aurum/Strophantus

Strophantus gehört zu den Hundsgiftgewächsen und enthält herzwirksame Glykoside. Es ist neben dem Gold in diesem homöopathischen Präparat enthalten, das vor allem dem Ausgleich degenerativer Prozesse am Herzen und deren Folgeerscheinungen dient – beispielsweise Altersherz, Brachykardie (sehr langsame Folge der Herzschläge), latentes Herzversagen. Aurum strophantus wird in Form von Injektionen und als Globuli (Kügelchen) verabreicht.

> Tip:
> Baldrian wirkt nervenberuhigend und krampflösend. Seine sedative Wirkung macht ihn zu einem geeigneten Mittel bei Herzklopfen, Angstzuständen und Schlaflosigkeit.

Aurum/Valeriana comp.

Dieses homöopathische Kombinationspräparat enthält neben Gold und Baldrian u.a. auch Auszüge von Weißdorn und Kampfer. Es wird bei funktionellen Herzbeschwerden eingesetzt und in Form von Injektionen oder Globuli (Kügelchen) verabreicht.

Hirntumore und Hirnödeme

Ursachen und Symptome

Ein Tumor ist eine Anschwellung, gleichzeitig ist er ein klassisches Anzeichen einer Entzündung. Eine Geschwulst wird ebenfalls als Tumor bezeichnet. Infolge von Tumoren kommt es meistens zu Ödemen, das heißt zu Ansammlungen von Gewebeflüssigkeit, gepaart mit Schwellungen. Diese Ödeme nehmen oft einen größeren Raum ein als die Geschwulst selbst. Sie tragen erheblich dazu bei, daß umliegende Gehirnzellen gedrückt und gequetscht werden. Der Hirndruck, der durch sie entsteht, ist oftmals die Ursache von Schmerzen und Beeinträchtigungen der Gehirnfunktion, jedenfalls mehr als der Tumor selbst.

Je nach ihrer Beziehung zu wichtigen Nervenbahnen und nach Größe und Geschwindigkeit ihres Wachstums können Tumore sehr verschiedene Erscheinungen hervorrufen. Sehstörungen, Schwindel, Brechreiz, Gangstörungen und Krampfneigung kommen häufig einzeln oder gemeinsam vor. Meistens jedoch tritt durch den gesteigerten Druck im Schädelinneren ein anhaltender, oft unstillbarer Kopfschmerz auf.

Bei einem Ödem handelt es sich um eine Wasseransammlung im Gehirn. Dabei sammelt sich wäßrige, eiweißhaltige Flüssigkeit in den Gewebslücken an. Durch die Vermehrung des Flüssigkeitsgehaltes kommt es zu einer Volumenzunahme des Gehirns. Das Ödem tritt oft begleitend bei Hirntumoren auf, außerdem nach Schädel-Hirn-Verletzungen, im Anschluß an Hirnoperationen und bei Gehirnhautentzündung. Die schulmedizinische Behandlung besteht in der Verabreichung von Cortison.

Behandlung mit Weihrauch

Nach Aussagen verschiedener Mediziner der Universitäten Gießen und Bochum hilft Weihrauch vor allem bei Glioblastomen und bösartigen (malignen) Astrozytomen. Dabei handelt es sich um zwei der häufigsten und besonders gefährlichen Hirntumore.

Geschwulste und Tumore

Glioblastome

Das können bösartige Geschwulste sein, die durch Wucherung von Neuroglia entstehen. Neuroglia ist eine Stützsubstanz im Zentralnervensystem, gewissermaßen ein „Nervenkitt".

Astrozytome

Dabei handelt es sich um meist langsam wachsende Hirntumore, die von den sogenannten Sternzellen ausgehen – den Astrozyten, die man als Stützzellen des zentralen Nervensystems betrachten kann. Je nach Sitz können sie epileptische Anfälle, Hirndruck, Halbseitenlähmung und Ataxie verursachen. Bei der Ataxie handelt es sich um eine Störung im Zusammenwirken mehrerer Muskelgruppen, so daß Bewegungen ungleichmäßig, überschießend und zielunsicher ablaufen. Schwer ataktisch Kranke sprechen und bewegen sich wie Betrunkene.

Tumorerkrankungen sollten zunächst schulmedizinisch behandelt werden. Zur Unterstützung der Therapie nehmen Sie nach Absprache mit Ihrem Arzt Weihrauchkapseln oder -tropfen ein.
Bei der Behandlung von Krebserkrankungen, vor allem von Hirntumoren, hat der Neurochirurg Dr. Michael Winking von der Neurochirurgischen Klinik der Justus-Liebig-Universität Gießen erste Erfolge erzielen können. Ihm gelang es, bei 25 Krebspatienten den Tumorstoffwechsel und damit das Wachstum von Krebszellen durch die Verordnung von Boswelliasäure zu hemmen.
In etwa der Hälfte der Fälle konnte bereits nach der zunächst auf sieben Tage beschränkten Behandlung eine deutliche Rückbildung der Gehirntumore beobachtet werden.
Ausführliche Informationen über die Weihrauchbehandlung von Hirntumoren und -ödemen finden Sie in dem Buch „Weihrauch und seine heilende Wirkung“ (Kluge/Fernando).

Behandlung mit Kombinationspräparaten

Olibanum compositum

In Absprache mit dem Arzt können begleitend zur Therapie homöopathische Kombinationspräparate, die neben Weihrauch auch Myrrhe und Gold enthalten, eingesetzt werden. Sie werden entweder als Injektion oder in Tropfenform verabreicht.

Kehlkopfentzündung (Laryngitis)

Ursachen und Symptome

Hierbei handelt es sich um eine Entzündung der Kehlkopfschleimhaut, die durch folgende Ursachen entstehen kann:

- Infekte der oberen Luftwege
- Überbeanspruchung der Stimmbänder
- Reizung durch Kälte, Staub oder Gase
- Behinderung der Nasenatmung.

Symptome sind:

- Brennen und Kitzeln im Hals
- heisere und belegte Stimme
- Husten und Auswurf.

Eine akute Kehlkopfentzündung kann bei entsprechender Behandlung schon nach einer Woche abklingen. Wenn diese aber immer wieder auftritt – was beispielsweise bei Schauspielern oder Lehrern häufig der Fall ist –, kann die Kehlkopfentzündung chronisch werden. Die wiederkehrenden Schwellungen im Kehlkopf führen zur Narbenbildung und letzten Endes zu Gewebswucherungen. In manchen Fällen bilden sich regelrechte Polypen, die unter dem Mikroskop Hühneraugen sehr ähnlich sind.

Behandlung mit Weihrauch

- Da die Boswelliasäure entzündungshemmend wirkt, können nach Absprache mit dem Arzt Weihrauchkapseln oder Weihrauchtropfen eingenommen werden.
- Besonders hilfreich ist feuchte Wärme. Deshalb empfehlen sich regelmäßige Inhalationen. Geben Sie dazu kochendes Wasser in eine Schüssel und fügen Sie einige Tropfen Weihrauchöl hinzu. Beugen Sie den Kopf über die Schüssel und decken Sie beides mit einem großen Handtuch ab, so daß die Dämpfe nicht entweichen können. Nun tief einatmen, bis das Wasser abzukühlen beginnt.
- Geben Sie immer wieder einmal ein paar Tropfen Weihrauchöl in Ihre Aromalampe. Oder stellen Sie ein Schälchen mit heißem Wasser, in das Sie einige Tropfen Weihrauchöl gegeben haben, in Ihrem Schlafzimmer auf.
- Gurgeln Sie mit Weihrauchwasser. Dazu zwei bis drei Tropfen Weihrauchöl in ein Glas mit warmem Wasser geben, gut verrühren und ausgiebig gurgeln.

Behandlung mit Kombinationspräparaten

Olibanum compositum

Homöopathische Kombinationspräparate enthalten Weihrauch, Myrrhe und Gold. Wegen ihrer entzündungshemmenden Wirkung können diese in Absprache mit dem Arzt auch bei Kehlkopfentzündungen eingesetzt werden. Die Präparate werden als Injektion oder in Tropfenform verabreicht.

Kopfschmerzen

Ursachen und Symptome

Kopfschmerzen sind ein wahres Volksleiden: jeder dritte Deutsche hat sie oft, jeder fünfte ständig, und schon jedes zehnte Schulkind kennt sie. Häufig kommen Schlafstörungen und depressive Verstimmungen dazu. Inzwischen kennt die Wissenschaft etwa hundert verschiedene Arten des Kopfschmerzes.

Behandlung mit Weihrauch

- Kopfschmerzen sprechen besonders gut auf die Aromatherapie an – allerdings gibt es gerade dabei Vorlieben und Abneigungen gegen bestimmte Düfte. Falls Weihrauch Ihnen vom Geruch her zusagt, haben Sie damit ein altbewährtes Linderungsmittel zur Hand, denn der Duft wirkt entspannend und klärend zugleich. Zünden Sie deshalb bei Kopfschmerzen – auch zur Vorbeugung – ein Räucherstäbchen an oder geben Sie einige Tropfen Weihrauchöl in Ihre Aromalampe.
- Die große Naturforscherin und Äbtissin Hildegard von Bingen (1098-1179) gibt in ihrem umfangreichen naturwissenschaftlichen Werk „Physica" das folgende Rezept gegen Kopfschmerzen an:

„Aber wer Kopfweh hat, so daß er meint, sein Kopf werde gespalten, der lege ein mit Weihrauch bereitetes Törtchen (das Rezept finden Sie unter dem Stichwort „Nervosität") an beide Schläfen, und er binde das mit einem Tuch mäßig fest, wenn er schlafen geht, und der Kopfschmerz wird weichen."

Wichtig!
Wenn Ihre Kopfschmerzen immer wieder auftreten und durch Behandlung mit Hausmitteln nicht zu lindern sind, sollten Sie unbedingt Ihren Arzt aufsuchen, um die Ursache der Schmerzen zu klären.

Behandlung mit Myrrhe

Auch die aromatherapeutische Anwendung der Myrrhe kann durch die entspannende Wirkung zur Linderung von Kopfschmerzen beitragen. Verbrennen Sie etwas Harz oder ein Räucherstäbchen, oder geben Sie einige Tropfen Myrrheöl in Ihre Aromalampe oder in ein Schälchen mit heißem Wasser.

Die wichtigsten Kopfschmerzarten

- Migräne: Unter dem „Halbseitenkopfschmerz" leiden zwar am häufigsten Frauen, zunehmend sind aber auch Männer betroffen. Man unterscheidet zwischen zwei Hauptformen:
  Die sogenannte „einfache Migräne": Sie kommt häufig in den frühen Morgenstunden oder am Wochenende. Der klopfende, stechende oder dröhnende Kopfschmerz wird begleitet von Übelkeit bis zu heftigem Erbrechen, alle Sinne reagieren überempfindlich. Manchmal kommen Durchfall oder Verstopfung hinzu, eine schwere Sprache und immer die totale Erschöpfung durch den Schmerz, der 8 bis 24 Stunden anhält. Direkte Auslöser können neben psychischen Belastungen auch Nikotin und Rotwein sein, außerdem Käse und chinesisches Essen.
  Die sogenannte „Migräne mit Aura": Sie beginnt mit Augenflimmern und Sehstörungen. Typisch dafür sind blinde Flecken im Gesichtsfeld, umgeben von gezackten Rändern. Wenn nach etwa 20 Minuten der Blick wieder klar wird, setzt explosionsartig hinter der rechten Schläfe der Schmerz ein. Die Schmerzattacke dauert gewöhnlich 20 bis 60 Minuten.
- Spannungskopfschmerzen: Dies ist die weitaus häufigste Form des Kopfschmerzes. Den Betroffenen liegt ein dumpfer Schmerz wie ein Ring um den Kopf. Sie können nicht klar denken und leiden unter Schlafstörungen und Depressionen.
- Schmerzmittelkopfschmerzen: Diese Variante ist besonders heimtückisch. Die meisten Menschen, die über Jahre hinweg unter Kopfschmerzen leiden, beginnen irgendwann damit, täglich Tabletten zu nehmen. Doch nach einiger Zeit tritt der gefürchtete Umkehreffekt dieser Wirkstoffe ein: Statt Schmerzen zu lindern, erzeugen sie welche – und machen außerdem noch süchtig. Symptome sind meistens eine fahle, graue Haut, Abmagerung und Klagen über ständig kalte Hände und Füße.
- Cluster-Kopfschmerzen. Diese betreffen – im Gegensatz zu den bisher genannten Arten – vorwiegend Männer. Die immer einseitigen, bohrenden und manchmal fast unerträglichen Schmerzen hinter dem Auge oder um das Auge herum treten meistens nachts auf und dauern zwischen 30 Minuten und zwei Stunden.

Kreislaufstörungen

Ursachen und Symptome

Kreislaufbeschwerden können die verschiedensten Ursachen haben: sie können witterungs- oder streßbedingt sein, aber auch als Folge anderer Erkrankungen auftreten.

> Wichtig!
> Bei längerem Anhalten und bei Verschlimmerung der Symptome sollten Sie unbedingt Ihren Arzt aufsuchen!

Symptome sind u.a.

- Herzbeschwerden
- Blutdruckschwankungen
- Schwindel
- Kopfschmerzen
- kalte Hände und Füße.

Behandlung mit Kombinationspräparaten

Aurum compositum

Die anthroposophisch erweiterte Medizin verwendet zur Behandlung von funktionellen Kreislaufstörungen u.a. ein Präparat, das neben Gold auch Weihrauch und Myrrhe enthält. Es wird in Form von Injektionen oder als Globuli (Kügelchen) angeboten. Außerdem gibt es eine Salbe, die auf ein Baumwolltuch gestrichen und auf die Herzgegend aufgelegt wird.

Leberzirrhose

Ursachen und Symptome

Bei dieser Erkrankung handelt es sich um eine chronische Leberschädigung, bei der es unter anderem durch Narbenbildung zu einer Verhärtung des Organs kommen kann. Dadurch werden lebenswichtige Funktionen der Leber beim Stoffwechsel, bei der Entgiftung, bei der Blutbildung usw. stark beeinträchtigt. Die Ursache ist in sehr vielen Fällen Alkoholmißbrauch.

Symptome sind u.a.

- Müdigkeit
- Appetitlosigkeit
- Leistungsminderung
- Verdauungsbeschwerden
- im weiteren Verlauf Gelbsucht.

Die Funktionen der Leber

Die Leber ist etwa drei bis vier Pfund schwer und damit die größte Drüse des menschlichen Körpers. Sie liegt gut geschützt unter dem rechten Rippenbogen. Die Leber läßt sich am ehesten mit einer chemischen Fabrik vergleichen, in der tausend verschiedene Arbeitsgänge perfekt und zur gleichen Zeit ablaufen.
Zu den wichtigsten Funktionen der Leber gehört die Entgiftung des Blutes. Sie produziert aber auch Blutgerinnungsstoffe und bereitet die Gallenflüssigkeit auf. Darüber hinaus greift sie regulierend in fast alle Stoffwechselvorgänge ein. Nur ein kaum vorstellbares Wunderwerk der Natur kann all diese Aufgaben bewältigen: Die Leber besteht aus einer Million Leberläppchen – und jedes einzelne Läppchen wiederum aus 350.000 Leberzellen!

Behandlung mit Weihrauch

- Beruhigend und entspannend wirkt die Aromatherapie. Dazu geben Sie einige Tropfen Weihrauchöl in Ihre Aromalampe, oder Sie stellen ein Schälchen mit heißem Wasser, dem Sie einige Tropfen Weihrauchöl zufügen, in Ihren Wohnraum.

Behandlung mit Kombinationspräparaten

Olibanum compositum

Die homöopathischen Präparate enthalten Weihrauch, Myrrhe und Gold. Sie wirken lindernd und entzündungshemmend. In Absprache mit Ihrem Arzt können Sie diese in Form von Injektionen oder Tropfen anwenden.

Lymearthritis

Ursachen und Symptome

Bei dieser Erkrankung handelt es sich um eine Spätfolge der Infektionskrankheit Borreliose. Diese wird durch Zeckenbiß übertragen. Symptome sind Hautrötungen (meistens an der Bißstelle), Muskel- und Gelenkschmerzen, teils auch Fieber. Als Spätfolgen können Hauterkrankungen, Nervenentzündungen und Gelenkentzündungen (Lymearthritis) mit rheumatischen Symptomen auftreten.

Ausgelöst wird die Krankheit von Borrelien, korkenzieherförmigen Bakterien, die erst 1982 entdeckt wurden. Man wurde erstmals in der amerikanischen Stadt Lyme (daher der Name) auf sie aufmerksam, als dort die Zahl rheumatischer Erkrankungen vor allem bei Jugendlichen sprunghaft anstieg. Besonders heimtückisch ist die Borreliose deshalb, weil die Symptome oft erst Wochen nach der Infektion spürbar sind. Manchmal erscheinen auch erst nach Monaten (oder Jahren!) rheumatische Beschwerden.

Zeckenbisse

Die Schildzecke – auch „Gemeiner Holzbock" genannt – ist in ganz Deutschland verbreitet. Die punktgroßen bis fliegengroßen Insekten lassen sich in der warmen Jahreszeit auf Säugetiere oder Menschen fallen, sobald diese an ihrem Standort (Gras, Gebüsch oder Wald) vorbeikommen. Sie durchstechen die Haut und ernähren sich vom Blut ihrer Opfer. Dabei können Viren (das Frühsommer-Meningo-Encephalitis-Virus FSME) oder Bakterien (die Lyme-Borrelien) in den menschlichen Körper gelangen.

Im Gegensatz zur FSME (sie tritt hauptsächlich in Baden-Württemberg entlang des Rheins und des Neckars, in der Region um Freiburg und im nördlichen Schwarzwald, in Bayern entlang der Donau und ihrer nördlichen und südlichen Zuflüsse, in Österreich, Ungarn, der Schweiz, der Tschechoslowakei, der ehemaligen UdSSR, Slowenien und Kroatien auf) ist die Lyme-Borreliose im gesamten Bundesgebiet verbreitet. Etwa ein Drittel der ausgewachsenen Zecken sind infiziert und können krankmachende Bakterien übertragen.

Dank der Tatsache, daß die Erreger sich in der Darmwand und nicht in der Speicheldrüse der Zecke befinden, dauert es mehrere Stunden, ehe sie über den Stichkanal ins Blut gelangen. Bei frühzeitiger sorgfältiger Entfernung der Zecke kommt es deshalb seltener zu einer Infektion.

Behandlung mit Weihrauch

- Sind Sie von einer Zecke gebissen worden und zeigen sich die geschilderten Symptome (die auch erst einige Wochen später auftreten können), suchen Sie Ihren Arzt auf. Nehmen Sie nach Absprache mit ihm Weihrauchpräparate gegen eine mögliche Entzündung ein. Besonders die Lymearthritis spricht sehr gut auf die Behandlung mit Weihrauch an.
- Betupfen Sie zusätzlich den Zeckenbiß mit einigen Tropfen Weihrauchöl.

Magenerkrankungen

Ursachen und Symptome

Sehr viele Menschen leiden heute an nervösen Magenbeschwerden. Die Ursachen sind vielschichtig und haben meist ebenso mit dem Körper wie mit der Seele zu tun. Die komplizierten Vorgänge, die sich bei der Nahrungsaufnahme in unserem Magen abspielen, können durch äußere und/oder innere Faktoren gestört werden:

- Wir essen zu viel, zu wenig, zu hastig oder nehmen überhaupt das Falsche (Süßigkeiten, Fett, Alkohol, Kaffee im Übermaß etc.) zu uns.
- Wir sind - privat oder beruflich - länger anhaltenden seelischen Belastungen ausgesetzt.

Eine der häufigsten Reaktionen auf eine solche belastende Lebensweise, die uns „auf den Magen schlägt", sind nervöse Magenbeschwerden. Sie äußern sich durch

- Völlegefühl
- Sodbrennen
- Blähungen
- Schmerzen bis hin zu Krämpfen.

Auch Magengeschwüre können durch Streß entstehen. Sie verursachen intensivere Schmerzen als ein Reizmagen. Die Beschwerden tauchen typischerweise zwischen den Mahlzeiten auf. Häufigster Auslöser ist das Bakterium Heliobacter pylori, das im Magen von 80 Prozent aller Geschwürpatienten (und insgesamt bei 30 Prozent der Bevölkerung) nistet. Dieses vernichtet die schützende Schleimschicht, die die Magenwände vor der ätzenden Verdauungssäure schützt. Auch wer ständig Schmerzmittel wie Azetylsalizylsäure (Aspirin), Ibuprofen oder sogenannte nichtsteroidale Antirheumamittel einnimmt, gehört zur Risikogruppe.

Behandlung mit Gold

Die Hildegard-Medizin empfiehlt die Anwendung von Gold in Form von Goldkeksen und Goldwein (Rezepte finden Sie unter dem Stichwort „Gicht") zur Unterstützung der ärztlichen Maßnahmen. Besonders gut sprechen Gastritis, Magenschleimhautentzündung, Magengeschwüre, Überempfindlichkeit des Magens sowie Über- oder Untersäuerung des Magens auf diese Goldbehandlung an.

Menstruationsbeschwerden

Ursachen und Symptome

Neben möglichen Gewichtsveränderungen (die durch Wasseransammlung im Gewebe entstehen), Spannungsgefühlen in der Brust und psychischen Veränderungen treten Regelschmerzen als häufigste Beschwerden während der Menstruation auf. Ein leicht ziehendes Gefühl im Unterleib und vereinzelte Krämpfe sind normale und auch erträgliche Begleiterscheinungen. Starke Schmerzen, die möglicherweise mit Symptomen wie Erbrechen, Durchfall oder Ohnmacht einhergehen, sind allerdings nicht mehr als normal zu betrachten. Sie sollten deshalb unbedingt einen Arzt zur Klärung der Ursachen aufsuchen, besonders bei

- plötzlich auftretenden Menstruationsbeschwerden, wenn Sie bisher schmerzfrei waren
- starken Krämpfen
- veränderter Schmerzart
- lang anhaltenden Schmerzen und Blutungen
- sehr starken Blutungen
- Menstruationsschmerzen nach Einsetzen der Spirale.

Menstruationsbeschwerden sind stark von psychogenen Faktoren beeinflußt. Frustrationen, Streß, andauernde körperliche Überbelastung können den Regelschmerz verstärken. Mitunter können jedoch auch organische

Veränderungen Ursache für Menstruationsschmerzen sein, beispielsweise Myome oder ein Gebärmutterkrebs.

Behandlung mit Myrrhe

- Geben Sie 5 Tropfen Myrrhetinktur auf ein Stückchen Zucker. 3mal täglich anwenden.

Mukoviszidose (Zystische Fibrose)

Ursachen und Symptome

Der Name der Krankheit setzt sich zusammen aus den lateinischen Bezeichnungen „mucus" (Schleim) und „viscidus" (zähflüssig). Bei der Mukoviszidose handelt es sich um eine erbliche Stoffwechselkrankheit, die durch einen Gendefekt verursacht wird. Dieser führt zu einer Fehlbildung der normalen Schleimproduktion – dadurch entstehen die Zähflüssigkeit und die Überproduktion aller schleimbildenden Drüsen. Dies wiederum führt zu Stauungserscheinungen und zu einer Bläschenbildung im Bindegewebe. Symptome sind vor allem Verdauungsbeschwerden (der sogenannte „Fettstuhl") und eine Schädigung des Bronchialsystems, die zu chronischer Bronchitis und wiederkehrenden Lungenentzündungen führen kann.

Die Mukoviszidose tritt in unterschiedlichen Schweregraden auf und kann sich schon im Neugeborenenalter zeigen. Typisch ist dabei die vermehrte Salzausscheidung durch den Schweiß, der erhöhte Albumingehalt im Stuhl und der Anstieg der Trypsinkonzentration im Blut.

Fettstuhl (Steatorrhö)

Durch Verdauungsstörungen kommt es zu einer Fehlfunktion bei der Fettresorption im Darm. Dabei werden Neutralfette, Fettsäure und Fettseifen ausgeschieden.

Albumin

Albumine bilden die wichtigste Gruppe der Eiweiße im Körperserum. Im Blutplasma machen sie den Hauptanteil am Gesamteiweiß aus. Sie haben die Aufgabe, verschiedene Substanzen – z. B. Salze, Wasser und Fettsäuren – durch zeitweilige Bindung im Blut zu transportieren. Bei bestimmten Krankheiten kann ihr Anteil vermindert sein.

Trypsin Dabei handelt es sich um ein eiweißspaltendes Verdauungsenzym, das im Dünndarm gebildet wird.

Behandlung mit Weihrauch

- Nehmen Sie nach Absprache mit Ihrem Arzt zur Unterstützung seiner Therapie Weihrauchkapseln oder -tropfen ein.

Behandlung mit Kombinationspräparaten

Olibanum compositum

Nehmen Sie nach Absprache mit Ihrem Arzt homöopathische Präparate, die Weihrauch, Myrrhe und Gold enthalten. Diese werden als Injektion oder in Tropfenform verabreicht.

Mundgeruch

Ursachen und Symptome

Mundgeruch entsteht durch den bakteriellen Abbau von Nahrungsresten, abgeschilferten Zellen und Gewebeteilen bei schlecht gereinigten oder kariösen Zähnen. Außerdem kann langes Nüchternbleiben (beispielsweise während der Nacht oder während einer Fastenkur) Mundgeruch hervorrufen. Auch Schleimhautentzündungen, wie Zahnfleischentzündung, Mundschleimhautentzündung, Paradontose, Mandelentzündung usw. können die Ursache sein.

Behandlung mit Myyrhe

- Spülen Sie mehrmals täglich den Mund mit einem Myrrhe-Mundwasser aus. Dazu vermischen Sie 40 Tropfen Myrrhetinktur mit 50 g 90%igem Alkohol (in der Apotheke erhältlich). In eine dunkle Flasche abfüllen und vor Gebrauch gut schütteln. Einen Spritzer davon in einen Becher mit lauwarmem Wasser geben.
- Verwenden Sie eine Myrrhe-Zahnpasta (im Reformhaus oder in der Apotheke erhältlich).

Dioscurides, ein griechischer Arzt, der im 1. vorchristlichen Jahrhundert lebte, wird in einer alten Übersetzung folgendermaßen zitiert: Die Myrrhe „wirt wider den bösen Geruch deß Munds/und stinckenden Atem/nützlich gekawet".

Mundgeschwüre (Aphthen)

Ursachen und Symptome

Es handelt sich um Geschwüre auf der Mundschleimhaut. Sie entstehen aus graugelblichen Bläschen, sind bis linsengroß und oft schmerzhaft. Vor allem bei Kindern können solche Geschwüre chronisch werden. Oft sind Infektionen durch Pilze oder Viren die Ursache, dann sind diese Geschwüre häufig von Fieber begleitet. Aber auch Ernährungsfehler sowie bestimmte Hautleiden können Mundgeschwüre auslösen.

Die schulmedizinische Therapie mit Cortison und Antibiotika kann zwar die Schmerzen lindern und ein Abheilen der Entzündung beschleunigen, aber nicht das Wiederauftreten der Mundentzündung verhindern. Aus diesem Grund greifen Ärzte gerne auf althergebrachte Hausmittel zurück – z.B. auf die Myrrhe.

Behandlung mit Myrrhe

- Betupfen Sie die betroffenen Stellen mehrmals täglich mit einigen Tropfen Myrrhetinktur.
- Spülen Sie den Mund mehrmals täglich gründlich mit einem Myrrhe-Mundwasser aus. Dazu vermischen Sie 40 Tropfen Myrrhetinktur mit 50 ml 90%igem Alkohol. In ein dunkles Fläschchen abfüllen, vor Gebrauch gut schütteln. Einen Spritzer davon in einen Becher lauwarmes Wasser geben.
- Betupfen Sie das Mundgeschwür mehrmals täglich mit etwas pulverisierter Myrrhe.

Muskelentzündung (Myositis)

Ursachen und Symptome

Dabei handelt es sich um eine entzündliche Reaktion des Bindegewebes, die auch auf die Muskelfasern übergreifen kann. Sie äußert sich in Druck- und Bewegungsschmerzen, Muskelhärte und -schwäche (bis hin zur Lähmung) und kann zur Muskelverkürzung durch Narbenbildung führen. Die wohl gravierendste Muskelentzündung ist der Muskelrheumatismus.

Ursachen sind oft Überanstrengung einzelner Muskelgruppen (berufsbedingt oder durch Sport), mikrobielle Infekte mit Beteiligung von Bakterien (beispielsweise bei Infektionskrankheiten oder bei offenen Wunden), Pilzen oder Parasiten.

Behandlung mit Weihrauch

In den Vereinigten Staaten wird der Boswellia-Extrakt wegen seiner Wirksamkeit bei der Behandlung von Muskelentzündungen von vielen Ärzten hoch geschätzt. Ein Arzt aus Kansas City, Dr. E. W. McDonagh, konnte den Erfolg einer Weihrauchbehandlung bei 350 seiner Patienten feststellen, die seit Jahren an Muskel- und Knochenschmerzen litten und denen andere Medikamente keine Linderung bringen konnten. Viele dieser Menschen nahmen eine Vielzahl von verordneten und nicht verordneten Mitteln ein – aber diese konnten ihnen nicht nur nicht helfen, sondern zeigten auch unerwünschte Nebenwirkungen. Nach der Verordnung und Einnahme von Boswellia-Extrakt kam es bei allen zu einer Verbesserung ihres Zustandes, die so weit ging, daß sie alle anderen Medikamente entweder absetzen oder zumindest reduzieren konnten.

- Nehmen Sie nach Absprache mit Ihrem Arzt Weihrauchpräparate zur Entzündungshemmung und Schmerzlinderung ein.
- Geben Sie jedesmal einige Tropfen Weihrauchöl in das einlaufende Badewasser.
- Massieren Sie die schmerzenden Stellen sanft mit einem Weihrauch-Massageöl ein. Dazu vermischen Sie 40 Weihrauchtropfen mit 50 ml Avocado- oder reinem Olivenöl (beides in der Apotheke erhältlich). In ein dunkles Fläschchen abfüllen und vor Gebrauch gut schütteln.

Behandlung mit Kombinationspräparaten

Olibanum compositum

Die homöopathische Medizin hält Präparate bereit, die neben Weihrauch auch Myrrhe und Gold enthalten. Sie können als Injektion oder in Tropfenform verabreicht werden.

Nervosität

Ursachen und Symptome

Nervosität kann unendlich viele Ursachen haben. Sie kann entstehen durch beruflichen oder familiären Streß, durch Depressionen und Lebensangst, aber auch durch körperliche Gründe (beispielsweise Allergien). Symptome sind oft Schlaflosigkeit, innere und äußere Unruhezustände, aber auch Kopfschmerzen, Magen- und Darmbeschwerden, Herzklopfen, Atemnot und viele andere Beschwerden.

Behandlung mit Weihrauch

Bei Nervosität und psychischen Beschwerden (Ängste, geistige Überanstrengung usw.) ist vor allem die Aromatherapie eine gute Möglichkeit zur Linderung. Weihrauch wirkt einerseits besänftigend – ist also ein ideales Mittel bei streßbedingten Leiden –, aber auch ordnend und anregend bei geistiger Arbeit. Auch die gemütsaufhellende Wirkung ist bekannt. Weihrauch kann also erfolgreich als begleitende Maßnahme bei der Behandlung von depressiven Zuständen verwendet werden.

- Geben Sie 3–4 Tropfen Weihrauchöl in eine Aromalampe und lassen Sie das duftende Öl verdunsten. Wenn Sie keine Aromalampe besitzen, können Sie das Weihrauchöl auch in einem kleinen Porzellanschälchen mit kochendem Wasser übergießen.
- Geben Sie einige Tropfen Weihrauchöl in das einlaufende Badewasser. Die Wärme des Wassers, verbunden mit der entspannenden Wirkung des Weihrauchduftes ist ein gutes Mittel gegen nervöse Beschwerden.
- Massieren Sie sich regelmäßig mit einem Weihrauch-Massageöl (noch besser: lassen Sie sich massieren). Mischen Sie dazu 40 Tropfen Weihrauchöl mit 50 ml Avocado- oder reinem Olivenöl (beides in der Apotheke erhältlich) und füllen Sie das Ganze in eine dunkle Flasche ab. Vor Gebrauch gut schütteln. Die sanfte Massage aller Körperteile wirkt beruhigend auf Körper und Seele.
- Auch die innerliche Anwendung von Weihrauch wirkt positiv. Dazu heißt es in einem 1753 in Frankfurt und Leipzig erschienen Buch mit dem Titel „Der curieus und offenhertzige Wein-Artzt": „Weißen Weihrauch, zu zartem Pulver gerieben, und im Winter mit Wein, im Sommer aber mit Wasser, als ein Trunck, im zunehmenden Mond, Morgens,

Mittags und Abends getruncken, stärcket vortrefflich das Gedächtniß, wie auch das Gehirn und den Magen."

Ein Rezept aus dem Mittelalter

Die berühmte Naturforscherin und Äbtissin Hildegard von Bingen (1098-1179) gibt in ihrem großen naturwissenschaftlichen Werk „Physica" den Hinweis, daß Weihrauch „die Augen erhellt und das Gehirn reinigt". Dazu notiert sie das folgende Rezept: „Nimm Weihrauch und pulverisiere ihn, und gib dem etwas Feinmehl bei und auch Eiweiß, und mache so Törtchen, und trockne sie an der Sonne oder auf einem warmen Ziegelstein. Bringe diese Törtchen oft an deine Nase, denn ihr Geruch stärkt dich und erhellt deine Augen und stärkt dein Gehirn."

Dieses Rezept kann auch heute noch erfolgreich angewendet werden – vor allem in streßbedingten Situationen. Dazu lösen Sie in einer Flasche Weißwein oder in einer Flasche stillem Mineralwasser 5 g Weihrauchpulver auf. Einige Tage verschlossen stehen lassen. Dann dreimal täglich ein kleines Likörglas dieser Mischung nehmen. Vor Gebrauch die Flasche gut schütteln.

Behandlung mit Gold

- Bei Nervosität, depressiven Verstimmungen, Angstzuständen usw. empfiehlt die Homöopathie die Behandlung mit Gold in Form von Globuli (Kügelchen) in der Verdünnung D6 – D12. Diese können dazu beitragen, das psychische Allgemeinbefinden positiv zu beeinflussen. Sprechen Sie mit Ihrem Arzt darüber!
- Auch die Hildegard-Medizin setzt das Gold zur Regulierung des vegetativen Nervensystems ein – beispielsweise in Form von Goldkeksen und Goldwein. Die entsprechenden Rezepte finden Sie unter dem Stichwort „Gicht".

Behandlung mit Kombinationspräparaten

Olibanum compositum und Aurum compositum

In Form von Tropfen und Injektionen bietet die Homöopathie die Möglichkeit der Behandlung mit einem Präparat, das neben Weihrauch auch Myrrhe und Gold enthält. Dieses kann die Stärkung der eigenen seelisch-geistigen Kräfte nachhaltig unterstützen. Es wird in Form von Injektionen, Tropfen oder Globuli (Kügelchen) angeboten. Aurum compositum ist auch für Kinder geeignet und wirkt besonders positiv bei Entwicklungs- und Verhaltensstörungen.

Aurum/Prunus

Dieses Präparat enthält neben Gold auch Auszüge der Pflaume (Blüten, Rinde usw.). Es wirkt anregend vor allem bei Erschöpfungszuständen, die mit niedrigem Blutdruck verbunden sind. Aurum/Prunus wird in Form von Injektionen oder als Globuli (Kügelchen) verabreicht.

Aurum/Stibium/Hyoscyamus

Das homöopathische Präparat enthält neben Gold auch Auszüge von Antimon (ein Metall) und Bilsenkraut (ein Nachtschattengewächs). Obwohl diese Stoffe hochgiftig sind, können sie in der homöopathischen Dosierung sogar Kleinkindern verabreicht werden. Aurum/Stibium/Hyoscyamus wird in Form von Injektionen und Globuli (Kügelchen) verabreicht und wirkt besonders gut bei Einschlafstörungen und bei Störungen des vegetativen Nervensystems.

Nierenleiden

Gold und Bienengift

Unter der Bezeichnung „Aurum/Apis regina comp." gibt es ein homöpathisches Kombinationspräparat, das neben anderen Inhaltsstoffen auch Gold und Bienengift enthält. Es wirkt harmonisierend vor allem bei nervösen Erschöpfungszuständen, depressiven Verstimmungen und bei Konzentrations- und Gedächtnisschwäche. Es wird in Form von Injektionen oder als Globuli (Kügelchen) angewendet.

Ursachen und Symptome

Die Niere ist das wichtigste Organ zur Kontrolle der nicht an Zellen gebundenen Flüssigkeit sowie zur Ausscheidung schädlicher und unnützer Stoffe. Die paarig angeordneten Nieren liegen beiderseits der Wirbelsäule unterhalb des Zwerchfells zwischen Bauchfell und hinterer Bauchwand. Die Niere ist am äußeren Rand konvex und innen konkav und etwa 11 cm lang. Die rechte Niere ist häufig kleiner als die linke. Ihr Gewicht beträgt ein bis zwei Prozent des Körpergewichtes und wird sehr intensiv durchblutet (ca. 25 Prozent des Herzausstoßes!).

Die Niere muß ständig Höchstleistungen erbringen, ihr Versagen kann zu schwerwiegenden Vergiftungen führen.

Behandlung mit Kombinationspräparaten

Aurum/Equisetum

Die anthroposophisch erweiterte Medizin empfiehlt zur Behandlung von beginnender Niereninsuffizienz (Nierenversagen) ein Kombinationspräparat, das neben Gold auch Auszüge des Schachtelhalms enthält. Es wird in Form von Injektionen oder als Globuli (Kügelchen) in verschiedenen Potenzierungen (D10/15 und D30/15) verabreicht.

Schachtelhalm (auch Zinnkraut genannt) entgiftet den Körper und entlastet dadurch die Niere.

Offene Beine

Ursachen und Symptome

Unter „offenen Beinen" versteht man schwer heilende, immer wieder aufbrechende Unterschenkelgeschwüre. Die Behandlung offener Beine gehört in ärztliche Hand. Besprechen Sie mit Ihrem Arzt, ob Sie seine Behandlung durch eigene Maßnahmen ergänzen können.

Behandlung mit Myrrhe

Vermischen Sie 40 Tropfen Myrrheöl mit 50 ml Avocado- oder reinem Olivenöl (beides in der Apotheke erhältlich). In eine dunkle Flasche abfüllen und vor Gebrauch gut schütteln. Die offene Stelle täglich einmal sanft mit dem Öl bestreichen.

Ohrenbeschwerden

Ursachen und Symptome

Ohrenbeschwerden aller Art werden schon seit alten Zeiten mit Weihrauch behandelt. Dazu kann beispielsweise die sehr schmerzhafte Mittelohrentzündung gehören, aber auch – wie uns alte Quellen mitteilen – Schwerhörigkeit. Gerade bei entzündlichen Ohrenbeschwerden können Weihrauchpräparate wirksam eingesetzt werden. Häufig treten Ohrenschmerzen infolge einer Grippe, Erkältung oder einer anderen Infektion auf. Dies ist vor allem bei Kindern der Fall. Bei ihnen sind nämlich die eustachischen Röhren (das sind die Kanäle, die vom Rachen ins Mittelohr führen) weiter und kürzer als beim erwachsenen Menschen. Deshalb ist diese Region bei Kindern auch anfälliger für Entzündungen.

Behandlung mit Weihrauch

- Dioskurides (ein berühmter griechischer Arzt, der im ersten vorchristlichen Jahrhundert auch in Rom praktizierte) empfahl Weihrauch als Mittel gegen Ohrenschmerzen. Er träufelte Weihrauch, vermischt mit etwas Wein, direkt ins Ohr. Ein ähnliches Rezept kann auch heute noch verwendet werden: Mischen Sie etwas Weihrauchpulver (im Mörser aus dem Harz hergestellt) oder 2 Tropfen Weihrauchöl mit etwas Wein. Tränken Sie etwas Watte in der Flüssigkeit und geben Sie diese als Ohrstopfen in das schmerzende Ohr. Ein bis zwei Stunden einwirken lassen.
- Auch Hildegard von Bingen empfiehlt Weihrauch gegen Ohrenbeschwerden, vor allem zur Behandlung von Schwerhörigkeit. In ihrem medizinischen Werk „Causae et Curae“ gibt sie die folgende Empfehlung: „Wird die Hörkraft eines Menschen durch irgendwelches Phlegma (dabei handelt es sich um einen Körpersaft, Anm. d. Verf.) oder eine andere Art von Krankheit geschädigt, so soll er weißen Weihrauch nehmen und mit glühenden Kohlen verräuchern. Diesen Rauch soll er in das verstopfte Ohr aufsteigen lassen. Doch dies soll er nicht zu oft machen, damit er sich danach nicht schlechter befindet, wenn er das unmäßig oft gemacht hat.“

Prostatabeschwerden

Ursachen und Symptome

Die Prostata (Vorsteherdrüse) ist ein männliches Drüsenorgan in Form einer Kastanie, aufgebaut aus Fasern und Muskeln mit einer dünnen Bindegewebskapsel. Normalerweise ist sie etwa 3 cm lang und 15–20 g schwer. Vergrößert kann sie allerdings bis zu 280 g schwer werden. Während der Ejakulation liefert sie mit einem dünnflüssigen, milchig-weißen Sekret einen wichtigen Anteil der Samenflüssigkeit und bewirkt dadurch die Beweglichkeit der Spermien in der Vagina. Die glatten Muskelzellen der Prostata haben die Aufgabe, beim Samenerguß durch ruckweise Kontraktion die Samenflüssigkeit in die Harn-Samen-Röhre zu pressen. Bei Entzündungen kommt es zu erschwertem Wasserlassen. Durch die Abflußstörungen im Bereich der unteren Harnwege entstehen Spannungs- und Druckgefühle im After, Schmerzen beim Stuhlgang, mitunter auch Harnverhalten. Erreger sind hauptsächlich Keime, die durch den Geschlechtsverkehr übertragen werden.

Wichtig!
Nutzen Sie die Vorsorgeuntersuchungen, um einen Prostatakrebs frühzeitig zu erkennen!

Prostata-Adenom (Drüsengeschwulst)
Prostataerkrankungen treten selten vor dem 50. Lebensjahr auf. Nach dem 70. Lebensjahr haben allerdings etwa 25% aller Männer ein Karzinom; Prostata-Adenome können behandelt werden. Prostatakrebs ist die dritthäufigste Todesursache bei Männern.

Behandlung mit Gold

Bei Prostata-Adenomen empfiehlt die homöopathische Medizin u.a. die Verordnung von Gold (Aurum metallicum in Tablettenform). Fragen Sie Ihren Arzt danach!

Rheumatische Erkrankungen

(siehe auch unter Arthritis und Muskelentzündung)

Ursachen und Symptome

Unter rheumatischen Erkrankungen versteht man schmerzhafte und funktionsbeeinträchtigende Störungen des Stütz- und Bewegungssystems, die das Bindegewebe und mitunter auch die inneren Organe betreffen und sowohl akut als auch chronisch auftreten können. Pauschal faßt man dabei alle Erkrankungen des Bewegungsapparates zusammen, die Schmerzen auslösen und die Beweglichkeit behindern.

Dazu gehören u.a.

- chronische Arthritis
- Gicht
- Fibromyalgie (generalisierter Weichteilrheumatismus)
- Muskelverspannungen
- Bewegungsschmerzen
- Sehnenentzündungen
- knirschende und schmerzende Gelenke
- Hexenschuß.

Die Medizin kennt inzwischen etwa 400 verschiedene Erscheinungsformen des Rheumatismus. Dabei werden drei große Gruppen unterschieden:

Entzündlicher Rheumatismus (Arthritis)

Davon sind etwa sieben Prozent aller Rheumatiker betroffen. Die folgenschwerste Form dieses Gelenkrheumas ist die chronische Polyarthritis, unter der in Deutschland 1,2 Millionen Menschen leiden, davon drei- bis viermal mehr Frauen als Männer.

Als Ursachen vermuten die Wissenschaftler neben erblichen Anlagen eine angeborene Bereitschaft des Immunsystems zur Fehlregulation. Das bedeutet, daß das Immunsystem Abwehrstoffe produziert, die sich auch gegen den eigenen Körper richten und die Gelenkinnenhaut zerstören. Je nach Schweregrad der Erkrankung verändern sich die Gelenke immer mehr unter großen Schmerzen. Bei zehn Prozent der Patienten kommt es sogar zu schweren Verkrüppelungen.

Typische Symptome für beginnende Polyarthritis sind:

- Müdigkeit
- Appetitlosigkeit
- Gewichtsabnahme
- depressive Stimmungslagen
- steife Hand- und Fußgelenke (besonders morgens nach dem Aufstehen)
- schmerzhaft geschwollene Finger- und Handgelenke
- häufiges Kribbeln und Taubheitsgefühl an Händen und Füßen
- kleine rote Knötchen über den Gelenken.

Degenerativer, abnutzungsbedingter Rheumatismus

Von dieser Erkrankung sind etwa achtzig Prozent aller über 60jährigen betroffen. Der Verschleiß beginnt allerdings meistens schon im dritten Lebensjahrzehnt. Ursachen können Bewegungsmangel, Gefäßveränderungen, Kalkmangel, Osteoporose und Bandscheibenvorfälle sein. Auch Entzündungsprozesse und Zellwucherungen in der Gelenkinnenhaut können zu rheumatischen Beschwerden führen. Direkte Auslöser sind meist Alterungsvorgänge. Am häufigsten treten diese Rheumaerkrankungen zwischen dem dritten und fünften Lebensjahrzehnt auf. Aber auch Zwanzigjährige können schon darunter leiden. Der Grund: Die einseitige Belastung bestimmter Gelenke, etwa bei monotonen Bewegungen am Arbeitsplatz, führt zu vorzeitiger Gelenkermüdung.

Symptome und Ursachen

- Zunächst treten die typischen „Anlaufschmerzen" auf: Morgens und nach längerem Sitzen oder Liegen tun die Gelenke weh – der Schmerz verschwindet aber wieder, sobald man sich bewegt.
- Später kommt es zu Belastungs- und Ermüdungsschmerzen. Die Beine knicken weg oder man läßt nach größerer Anstrengung etwas fallen.
- Im fortgeschrittenen Stadium kommt es zu Ruhe- und Nachtschmerzen, mitunter auch zu einer Kälteempfindlichkeit der betroffenen Gelenke. Außerdem strahlen die Schmerzen oft vom betroffenen Gelenk in andere Regionen aus – so schmerzt beispielsweise bei eine Hüftgelenksarthrose die Innenseite des Kniegelenks.

Als Ursache für die Arthrose kommen verschiedene Befindlichkeiten in Frage:

- angeborene Knorpelstoffwechselstörung (vor allem bei der Fingerpolyarthrose)
- chronische Überbelastung des Gelenks (etwa durch Leistungssport oder jahrelange Schwerarbeit)
- Übergewicht.

Weichteilrheuma

Unter dieser Erkrankung leiden 50 Prozent aller Rheumatiker. Meistens sind dabei die Sehnen und Bänder, die Schleimbeutel, die Nerven und das Unterhautbindegewebe betroffen.

Auch hier gibt es zahlreiche Ursachen:

- Mechanische Überbeanspruchung der Muskeln und Sehnen – etwa beim Schreibmaschineschreiben oder bei der Fließbandarbeit
- Zugluft, Kälte, Nässe
- Überheben oder plötzliche ruckartige Bewegungen
- Alterungs- und Abnutzungsprozesse
- Psychische Faktoren
- Hormonelle und stoffwechselbedingte Vorgänge.

Andere Ursachen

Rheumaerkrankungen können auch durch kranke Zähne oder durch chronische Entzündungen an den Mandeln oder an den Schleimhäuten des Nasen-Rachen-Raumes entstehen.
Die Vielzahl der möglichen Ursachen führte zur Einrichtung verschiedener Institutionen und Forschungseinrichtungen, die sich speziell mit rheumatischen Erkrankungen beschäftigen. Erkundigen Sie sich bei Ihrer örtlichen Ärztekammer nach entsprechenden Anschriften.

Behandlung mit Weihrauch

- Wie alle entzündlichen Krankheiten kann auch Rheumatismus innerlich mit Weihrauchpräparaten behandelt werden. Verwenden Sie nach Absprache mit Ihrem Arzt Weihrauchkapseln oder -tropfen.
- Zur Schmerzlinderung können Sie auch Boswellia-Salbe benutzen. Reiben Sie die betroffenen Stellen sanft mit der Salbe ein.
- Nehmen Sie regelmäßig Weihrauchbäder zur Schmerzlinderung. Dazu geben Sie einige Tropfen Weihrauchöl in das einlaufende Badewasser. Weihrauchbäder tun den Gelenken gut und entspannen gleichzeitig die Psyche!
- Auch ein Weihrauch-Massageöl wirkt lindernd. Dazu mischen Sie 40 Tropfen Weihrauchöl mit 50 ml Avocado- oder reinem Olivenöl (beides in der Apotheke erhältlich). In eine dunkle Flasche abfüllen und vor Gebrauch gut schütteln. Sanft in die schmerzenden Regionen einmassieren.
- Bei rheumatischen Erkrankungen ist oft auch die Psyche beteiligt. Deshalb sprechen diese Krankheiten sehr gut auf eine begleitende Behandlung mit der Aromatherapie an. Verbrennen Sie immer wieder einmal et-

was Weihrauchharz über Holzkohle oder zünden Sie ein Weihrauch-Räucherstäbchen an. Eine weitere Möglichkeit: Geben Sie einige Tropfen Weihrauchöl in eine Aromalampe. Wenn Sie keine Aromalampe besitzen, können Sie auch einige Tropfen Weihrauchöl in einem Schälchen heißem Wasser verdunsten lassen.

Rheumabehandlung

In Indien wird Weihrauch bereits seit langer Zeit zur Rheumabehandlung verwendet. Anläßlich der 31. Medizinischen Woche in Baden-Baden (November 1997) referierte beispielsweise Prof. Dr. Ammon sehr ausführlich über die positive Wirkung der Boswelliasäure bei der Behandlung des rheumatischen Formenkreises.

Behandlung mit Gold

Die Hildegard-Medizin empfiehlt zur Behandlung rheumatischer Erkrankungen das Gold, beispielsweise in Form von Goldkeksen und Goldwein. Die entsprechenden Rezepte finden Sie unter dem Stichwort „Gicht".

Die Naturmedizin bietet außerdem Injektionsampullen an, die neben Gold auch noch pflanzliche Wirkstoffe enthalten und durch ihre entzündungshemmende Wirkung bei gewissen rheumatischen Erkrankungen heilend und lindernd wirken können. Fragen Sie Ihren Arzt danach.

Behandlung mit Kombinationspräparaten

Olibanum compositum

Rheumatische Erkrankungen sprechen auch sehr gut auf homöopathische Präparate an, die Weihrauch, Myrrhe und Gold enthalten. Diese werden entweder als Injektion oder in Tropfenform verabreicht.

Rückenschmerzen

Ursachen und Symptome

Etwa 60 Prozent aller Bundesbürger leiden gelegentlich oder ständig unter Rückenschmerzen – wobei die Ursachen oft nicht klar sind. Allerdings läßt sich feststellen, daß natürliche Bewegungsformen weitgehend durch „künstliche" ersetzt wurden. Wie sehr diese die Wirbelsäule belasten, zeigen Messungen im Innern der Bandscheiben:

- Bei Rückenlage herrscht in der dritten Lendenbandscheibe ein Druck von 25 kg.
- Beim gebückten Stehen (zum Beispiel vor einem zu niedrigen Spülbecken) steigt der Druck auf 140 kg an.
- Beim krummen Sitzen (beispielsweise im Büro) beträgt der Druck sogar 175 kg.

Krankenschwestern und Büroangestellte klagen am häufigsten über Rückenschmerzen. Sehr häufig treten diese Probleme auch bei Zahnärzten auf.

Die wichtigsten Ursachen für Rückenschmerzen sind:

- Bewegungsmangel
- einseitige Fehlbelastungen (das Tragen von Gewichten, Gartenarbeit, Tennis, Übergewicht)
- schlechte Haltung (Büroarbeit, Computer)
- Unterkühlung
- ruckartige Bewegungen (Hinfallen, Unfall, Druck)
- Beckenschiefstand
- Bandscheibenvorfall, Ischias
- angeborene Anomalien der Wirbelsäule (Skoliose, Lordose, Kyphose)
- Abnutzung, Osteoporose (altersbedingter Kalkmangel)
- Arthrose
- seelische Einflüsse (Verspannungen, Streß)
- Organstörungen (Ausstrahlung).

Klären Sie die Gründe für Ihre Rückenbeschwerden mit Ihrem Arzt ab.

Wann Sie unbedingt zum Arzt gehen sollten

- Wenn der Schmerz nach Beginn und trotz der Behandlung mit Hausmitteln nicht nachläßt.
- Wenn Sie Bewegungsstörungen in den Beinen bemerken.
- Wenn Störungen der Darm- und Blasenfunktion auftreten.
- Wenn sich Schmerzen vom Nacken zum Kopf, Kribbeln in den Armen oder Gefühlsstörungen in den Gliedern bemerkbar machen.
- Wenn die Wirbelsäule schon vorgeschädigt ist.

Behandlung mit Weihrauch

- Viele Formen von Rückenschmerzen sind auf Entzündungen zurückzuführen. Hier wirken innerlich angewendete Weihrauchmedikamente wie Kapseln oder Tropfen besonders günstig.
- Äußerlich angewendet wirkt Boswellia-Salbe lindernd.
- Fügen Sie dem einlaufenden Badewasser einige Tropfen Weihrauchöl bei – die Wärme des Wassers und der entspannende Duft des Öls verbinden sich dabei zu einer heilsamen Einheit.
- Verwenden Sie ein Weihrauch-Massageöl, mit dem Sie die schmerzenden Stellen sanft einmassieren. Mischen Sie dazu 40 Tropfen Weihrauchöl mit 50 ml Avocado- oder reinem Olivenöl (beides in der Apotheke erhältlich). In eine dunkle Flasche abfüllen und vor Gebrauch gut schütteln.
- Zur Entspannung trägt die Aromatherapie bei. Verbrennen Sie ab und zu ein Weihrauch-Räucherstäbchen oder legen Sie etwas Weihrauchharz auf ein Stück glimmende Holzkohle. Sie können auch einige Tropfen Weihrauchöl in Ihre Aromalampe oder in ein Schälchen mit heißem Wasser geben.

Behandlung mit Kombinationspräparaten

Olibanum compositum

Homöopathische Präparate, die neben Weihrauch auch Myrrhe und Gold enthalten, können zur Linderung von Rückenbeschwerden beitragen. Sie werden als Injektion oder in Tropfenform verwendet.

Schilddrüsenüberfunktion (Hyperthereose)

Ursachen und Symptome

Eine Schilddrüsenüberfunktion entsteht, wenn diese schmetterlingsförmige Drüse im Hals zu viele Hormone produziert: der Stoffwechsel wird weit über das normale Maß hinaus angekurbelt, der Körper läuft auf Hochtouren. Die Ursache können Adenome sein, „warme“ oder „heiße“ Knoten. Das sind Bereiche im Schilddrüsengewebe, die sich selbständig gemacht haben und hemmungslos Hormone produzieren, die in diesem Umfang nicht gebraucht werden. Solche Knoten entstehen oft in Zeiten starker hormoneller Schwankungen, wie z.B. in der Schwangerschaft, während der Wechseljahre oder auch bei Streß.

Symptome sind u.a.

- Die Betroffenen geraten leicht ins Schwitzen
- häufige Durchfälle
- Gewichtsverlust
- Herzklopfen
- Schlaflosigkeit
- Reizbarkeit, Nervosität, Zittern
- Abneigung gegen enge Kragen

Die Funktion der Schilddrüse

Diese kleine Drüse hat einen ganz entscheidenden Einfluß auf sämtliche Stoffwechselvorgänge unseres Körpers, außerdem auf Haut, Haare, Fingernägel, Kreislauf und Gehirn. Ob wir Appetit haben oder nicht, ob die Nahrung optimal genutzt wird, wie die Verdauung funktioniert – all das wird von der Schilddrüse beeinflußt. Außerdem sorgt sie für einen gleichbleibenden Wasser- und Mineralhaushalt, den Sauerstoffverbrauch und die Tätigkeit der Keimdrüsen. Sie regelt die Funktionen des zentralen Nervensystems, die körperlich-geistige Entwicklung und Leistungsfähigkeit – mit einem Wort: sie ist unsere „Temperamentsdrüse".
Die beiden von der Schilddrüse produzierten Hormone Trijodthyronin (T3) und Thyroxin (T4) sorgen dafür, daß Nahrung in Energie umgewandelt und damit für den Körper überhaupt nutzbar wird. Wenn die gewonnene Energie nicht sofort gebraucht wird, wird der Überschuß in einer chemischen Speicherform angelegt – dem Molekül ATP, das in allen Körperzellen ständig gebildet wird. Ohne ATP gäbe es weder Muskeltätigkeit noch Körperwärme, weder Sinneswahrnehmung noch Wachstum.

Behandlung mit Gold

Die homöopathische Medizin behandelt die Schilddrüsenüberfunktion u.a. mit Gold in Form von Globuli (Kügelchen) in der Verdünnung D12. Sprechen Sie mit Ihrem Arzt darüber!

Schuppenflechte (Psoriasis)

Ursachen und Symptome

Die Ursachen dieser Hauterkrankung (die übrigens nicht übertragbar ist) sind unbekannt. Meistens bricht die Schuppenflechte im jugendlichen Alter aus. Nach dem Ekzem ist sie in Westeuropa die häufigste Hautkrankheit. Infekte, Hautschädigungen, Stoffwechselstörungen und hormonelle Veränderungen (Pubertät, Schwangerschaft usw.) können die Entstehung der Schuppenflechte begünstigen.
Symptome sind flache, scharf begrenzte und häufig juckende rötliche Herde auf der Haut, die mit silbrigen, leicht abkratzbaren Schuppen bedeckt sind. Unter den Schuppen liegt ein feines Häutchen, nach dessen Entfernung punktförmige Blutungen auftreten. Am häufigsten betroffen sind die Streckseiten von Ellenbogen- und Kniegelenken, Brust und Rücken, Kopfhaut und Fingernägel. Mitunter tritt auch eine begleitende chronische Gelenkerkrankung (Arthritis psoriatica) auf, die mit schmerzhaften Schwellungen vor allem Finger- und Zehengelenke befällt.

Behandlung mit Weihrauch

- Besonders die Arthritis psoriatica spricht auf die Behandlung mit Boswelliasäure an. Aber es wurden auch ganz allgemein positive Erfahrungen bei der Behandlung der Schuppenflechte gemacht. Nehmen Sie nach Absprache mit dem Arzt Weihrauchkapseln oder -tropfen ein.
- Zur Linderung der Hautbeschwerden und eventueller arthritischer Schmerzen kann Boswellia-Salbe verwendet werden.
- Geben Sie dem einlaufenden Badewasser einige Tropfen Weihrauchöl bei. Das wirkt lindernd und entspannend.
- Massieren Sie die betroffenen Hautstellen sanft mit einem Weihrauch-Massageöl. Dazu vermischen Sie 40 Tropfen Weihrauchöl mit 50 ml Avocado- oder reinem Olivenöl (beides in der Apotheke erhältlich). In eine dunkle Flasche abfüllen und vor Gebrauch gut schütteln.
- Allgemein entspannend und heilsam wirkt die Aromatherapie. Brennen Sie Weihrauch-Räucherstäbchen ab oder legen Sie etwas Weihrauchharz auf ein glimmendes Holzkohlenstückchen. Sie können auch einige Tropfen Weihrauchöl in Ihre Aromalampe oder in ein Schälchen mit heißem Wasser geben.

Behandlung mit Kombinationspräparaten

Olibanum compositum

Homöopathische Präparate enthalten neben Weihrauch auch Myrrhe und Gold. Sie werden als Injektion oder in Tropfenform verwendet.

Wirbelentzündung (Spondylitis)

Ursachen und Symptome

Diese Knochenentzündung der Wirbelkörper wird meistens durch Streuung von Eitereregern hervorgerufen und kann auch in Verbindung mit einer Knochenmarkentzündung auftreten. Weitere mögliche Ursachen sind Infektionskrankheiten wie Syphilis und Tuberkulose. Die Spondylitis betrifft vor allem die untere Brust- und Lendenwirbelsäule. Sie äußert sich in Schmerzen im Bauch-, Brust- oder Rückenbereich, durch Muskelverspannung und Bewegungseinschränkung. Falls Nerven beeinträchtigt sind, kann es auch zu Lähmungserscheinungen kommen.

Behandlung mit Weihrauch

- Wegen ihrer entzündungshemmenden und schmerzlindernden Wirkung können Weihrauchpräparate nach Absprache mit dem Arzt ergänzend zur Behandlung mit Antibiotika eingesetzt werden.
- Äußerlich angewendet wirkt die Boswellia-Salbe lindernd und heilend.
- Fügen Sie dem einlaufenden Badewasser einige Tropfen Weihrauchöl hinzu.
- Massieren Sie die schmerzenden Stellen regelmäßig mit einem Weihrauch-Massageöl ein. Dazu mischen Sie 40 Tropfen Weihrauchöl mit 50 ml Avocado- oder reinem Olivenöl (beides in der Apotheke erhältlich). In eine dunkle Flasche abfüllen und vor Gebrauch gut schütteln.

Behandlung mit Kombinationspräparaten

Olibanum compositum

Homöpathische Präparate, die neben Weihrauch auch Myrrhe und Gold enthalten, können nach Absprache mit dem Arzt zur Linderung der Wirbelentzündung eingesetzt werden. Sie werden in Tropfenform oder als Injektionen verordnet.

Wundbehandlung

Brandwunden

Dabei handelt es sich um eine Entzündung der Haut nach Berührung mit Feuer oder heißen Gegenständen oder Flüssigkeiten. Man unterscheidet dabei verschiedene Grade:

- Bei der Verbrennung ersten Grades ist die Haut nur gerötet und schmerzhaft. Diese heilt meistens schnell ab.
- Bei der Verbrennung zweiten Grades bilden sich Blasen. Diese können vereitern oder sich schon vorher öffnen und wunde Hautstellen zum Vorschein kommen lassen.
- Bei der Verbrennung dritten Grades stirbt das Gewebe ab. Es kommt zu einer schwarzen Verschorfung.

Verbrennungen ersten und auch zweiten Grades (sofern die Blasen sich nicht geöffnet haben und nur kleinere Hautpartien betroffen sind) können nach dem Kühlen mit Eis oder Wasser mit Weihrauch- oder Myrrhenöl oder anderen Hausmitteln behandelt werden. Großflächigere Verbrennungen gehören unbedingt in die Behandlung eines Arztes, vor allem, wenn es zu Fieber, Herzklopfen und Kreislaufschwäche kommt.

> **Wichtig!**
> Verbrennungen sollten sofort gekühlt werden (Eisbeutel, eiskaltes Wasser). Dies beugt der Blasenbildung vor und lindert den ersten heftigsten Schmerz.

Frostbeulen (Perniones)

Dabei handelt es sich um Gewebsschäden, die auf oberflächliche Erfrierungen zurückzuführen sind. Sie treten vor allem an den Füßen und Unterschenkeln auf. Die flachen, dunkelrot oder bläulich verfärbten Knoten sind schmerzhaft und leicht verletzlich. So kann es - beispielsweise durch das Reiben der Schuhe - zu Geschwüren kommen. Zu Frostbeulen neigen besonders Menschen, die unter Kreislaufstörungen und Blutarmut leiden und wenig abgehärtet sind.

Behandlung mit Weihrauch

- Kleinere Wunden und Geschwüre können sachte mit Weihrauchöl bestrichen werden. Dazu einige Tropfen Öl auf ein Mulläppchen geben und dieses eventuell als Schutz für Wunde und Wäsche mit Heftpflaster oder einer Binde fixieren und einige Stunden liegen lassen.

- Vor allem gegen Hautverbrennungen (auch durch Sonnenbrand) wirkt die folgende Weihrauchsalbe, deren Rezept auf die ägyptische Königin Kleopatra (69 v.Chr–30 v. Chr.) zurückgeht:
  Zerstoßen Sie im Mörser 1 TL Weihrauchharz zu feinem Pulver und verrühren Sie dieses gut (mindestens 10 Minuten) mit frischem ungesalzenem Schweineschmalz. (Falls Sie Hammelfett verwenden können, ist dieses noch wirkungsvoller.) Füllen Sie die Salbe in ein Tontöpfchen, das luftdicht (mit Korken, Zellophan o.ä.) verschließbar ist. Kühl und dunkel lagern. Die betroffenen Hautstellen dünn mit der Salbe bestreichen und, falls nötig, zum Schutz von Wunde oder Wäsche mit einer Mullbinde abdecken. Den Verband alle sechs Stunden erneuern.
- Stellen Sie ein Weihrauch-Massageöl her, indem Sie 40 Tropfen Weihrauchöl mit 50 ml Avocado- oder reinem Olivenöl (beides in der Apotheke erhältlich) vermischen. In eine dunkle Flasche abfüllen und vor Gebrauch gut schütteln. Die betroffenen Stellen sanft mit dem Öl einreiben.

Wundbehandlung mit Weihrauch im Laufe der Geschichte

Weihrauchsalben gibt es seit Tausenden von Jahren. Die Behandlung von Hautverletzungen aller Art mit Weihrauch wurde bereits im alten Ägypten praktiziert. Es wird berichtet, daß Imhotep – er lebte um 2.600 v. Chr. und war nicht nur Arzt, sondern auch Baumeister und Ratgeber des Königs Djoser – eine ägyptische Prinzessin behandelte, die unter entzündeten Augen und nach innen wachsenden Wimpern litt. Dabei verwendete er eine Heilsalbe, die unter anderem auch Weihrauch enthielt.

Wundränder, die bei uns üblicherweise geklammert oder genäht werden, wurden mit Streifen aus Weihrauchharz zusammengehalten. In Arabien verwendete man Weihrauchharz auch zur Fixierung von Knochenbrüchen. Außerdem ist Weihrauch zur Wundbehandlung in China und Indien nachgewiesen, beispielsweise bei Quetschungen und entzündeten Wunden.

John Gerard, ein englischer Pflanzenheilkundiger, schreibt in seinem 1663 erschienenen „Kräuterbuch" („Herbal"), daß Weihrauch „leere Geschwüre füllt und offene Wunden verschließt".

Behandlung mit Myrrhe

Um Operationsnarben besser verheilen zu lassen, empfiehlt die indische Ayurveda-Medizin das folgende Rezept: Eine Woche lang sollte man - nach Absprache mit dem Arzt - täglich zweimal die folgende Mischung einnehmen: ½ TL Gelbwurz, ½ TL Myrrhe mit etwas Wasser oder Honig mischen. (Gelbwurz und Myrrhe erhalten Sie in Pulverform in Apotheken und vielen Reformhäusern.)

Myrrhe ist besonders gut zur Behandlung schlecht heilender Wunden geeignet, denn sie wirkt desinfizierend und antibakteriell. Sie hemmt grampositive Bakterien (Erreger, die nach einer bestimmten Farbmethode - der Gram-Methode - anfärbbar sind) sowie die Vermehrung von Staphylococcus aureus, der für die Eiterbildung sowie für Furunkel und Karbunkel verantwortlich ist. Außerdem wirkt die Myrrhe entzündungshemmend.

Wundheilung mit Myrrhe in der Geschichte

Myrrhe war vor allem in Ägypten und Vorderasien ein geschätztes Mittel zur Wundheilung. Man wußte um die antibiotische und desinfizierende Wirkung und vor allem auch um die geruchsmindernde Eigenschaft, die ja gerade in heißen Gegenden, wo oft die hygienischen Verhältnisse mangelhaft waren, von großer Bedeutung war. Hippokrates (460-370 v. Chr.) verwendete die Myrrhe zur Behandlung hartnäckiger Geschwüre. Theophrast (um 370 v. Chr.) hinterließ ein Rezept zur Behandlung entzündeter Wunden, das neben Myrrhe auch andere Harze sowie Zimt enthielt. Römische Ärzte lösten Myrrhe in Wein auf und behandelten damit Verbrennungen. Dioscurides (ein griechischer Arzt, der im 1. Jahrhundert v. Chr. lebte und auch in Rom praktizierte) schreibt dazu in seinem großen Kräuterheilbuch (nach einer alten deutschen Übersetzung zitiert): Die Myrrhe „hefftet zusammen des Haupts Wunden/ so sie klein gerieben darüber gestrewt wirt/heylt die zerbrochene Ohren/ bedeckt die blossen Bein mit Fleisch." Auch in China wurde Myrrhe nachweislich seit dem 7. nachchristlichen Jahrhundert zur Wundheilung benutzt. Der englische Kräuterkundige John Gerard schreibt in seinem 1597 erschienenen Kräuterbuch über die Myrrhe: „Die wunderbaren Wirkungen, die sie bei neuen, frischen Wunden hat, sind zu umfangreich, um hier aufgeführt zu werden."

Sie können Myrrheöl wie Weihrauchöl verwenden (siehe oben). Besonders heilsam ist es in Verbindung mit Honig – entsprechende Rezepte tauchen schon in altägyptischen Schriften auf.

- Vermischen Sie einige Tropfen Myrrheöl mit 2 TL Honig und geben Sie die entstandene Salbe in ein Cremetöpfchen. Etwas davon auf ein Stückchen Mull streichen, dieses auf die Wunde legen. Mit einer Binde oder mit Heftpflaster fixieren. Einige Stunden einwirken lassen, dann den Verband erneuern.

Honig

Wunden werden durch Honig besser (und schmerzfreier) desinfiziert als beispielsweise durch Jod. Honig bewirkt, daß die körpereigenen Abwehrkräfte die in der Wunde angesiedelten Bakterien vernichten. Am besten ist es, die Wunde nur mit dem Honig zu bedecken und keinen Mull darüberzulegen. So kann sich eine dünne Schicht über der Wunde bilden, die besonders heilsam ist.

- Ein erfrischendes Rasierwasser, das kleine Schnittwunden schnell abheilen läßt, können Sie herstellen, indem Sie 50 ml Hamameliswasser mit 40 Tropfen Myrrhetinktur vermischen. In ein dunkles Fläschchen abfüllen und vor Gebrauch schütteln.

Zahnfleischentzündung (Paradontitis)

Ursachen und Symptome

Auslöser für die Zahnfleischentzündung sind Bakterien im Zahnbelag. In Westeuropa leiden etwa 80 Prozent aller Erwachsenen an dieser Zahnfleischerkrankung. Die ersten Anzeichen für eine Paradontitis sind ein geröteter Zahnfleischrand und häufiges Zahnfleischbluten. Greift die Entzündung auf die Wurzelhaut und auf den Kieferknochen über, lockert sich der Zahn und kann schließlich sogar ausfallen. Breitet sich die Entzündung unter dem Zahnfleisch aus, bilden sich sogenannte Taschen. Kleinere Taschen wird der Zahnarzt mit der Kürette (einem löffelähnlichen Instrument) behandeln. Bei größeren Taschen hilft meist nur noch das Skalpell: Das Zahnfleisch wird eingeschnitten und nach der Reinigung wieder vernäht.

Behandlung mit Weihrauch

- Die Boswelliasäure wirkt allgemein entzündungshemmend und kann deshalb auch zur Unterstützung des Heilungsprozesses bei Zahnfleischentzündungen eingesetzt werden. Nehmen Sie nach Absprache mit Ihrem Arzt Weihrauchpräparate ein.

Übrigens:
In den Anbaugebieten des Weihrauchs kaut man das Harz zur Kräftigung des Zahnfleisches.

- Zur äußerlichen Anwendung geben Sie jeweils zwei bis drei Tropfen Weihrauchöl ins Mundwasser. Kräftig durchrühren und den Mund gut damit ausspülen.

Behandlung mit Myrrhe

Myrrhe – seit altersher für die Mundhygiene verwendet

- Schon in Mesopotamien wurde die Myrrhe zusammen mit Alaun für ein Mundwasser verwendet, das auch das Zahnfleisch kräftigte.
- Seeleuten gab man in vergangenen Jahrhunderten Myrrhebrei auf den durch Skorbut (eine durch Vitamin C-Mangel verursachte Krankheit) faulig und wund gewordenen Gaumen.
- Arabische Ärzte empfahlen das Kauen von Myrrheharz als Vorbeugung und Heilmittel bei Zahnfleischentzündungen.
- Dioskurides (ein griechischer Arzt, der im 1. Jahrhundert v.Chr. lebte) gibt – nachfolgend in einer alten deutschen Übersetzung zitiert – den folgenden Rat: „Die Zähn und Zanfleisch werden befestigt/so man den Mundt mit Myrhen/Wein unnd öl wäscht."
- Noch heute ist die Myrrhe ein wesentlicher Bestandteil vieler Zahnpasten und Mundwasser. Die Pflanzenexpertin C. Leyel schreibt in ihrem 1947 erschienenen Buch „Compassionate Herbs" dazu: „Als Mundwasser und Zahnpulver gehört die Myrrhe zu den nützlichsten antiseptischen Substanzen für Zahnfleisch und Schleimhäute. Bei lockerem, ungesundem Zahnfleisch hat sie kaum ihresgleichen, denn sie adstringiert und heilt."

- Mundwasser stellen Sie her, indem Sie 40 Tropfen Myrrheöl in 50 ml 90%igem Alkohol (in der Apotheke erhältlich) auflösen. In ein dunkles

Fläschchen abfüllen, vor Gebrauch gut schütteln. Mehrmals täglich einen Spritzer davon in einen Becher mit lauwarmem Wasser geben und den Mund gut ausspülen.

- Ein weiteres Mundwasser-Rezept: Vermischen Sie 60 ml destilliertes Wasser, 20 ml 90%igen Alkohol, 15 Tropfen Pfefferminzöl und 12 Tropfen Myrrhetinktur (alles in der Apotheke erhältlich) und füllen Sie die Mischung in eine Flasche ab. Geben Sie jedesmal einige Spritzer davon in Ihr Zahnputzwasser.
- Ein Zahnpflegemittel, das Zahnfleisch und Zähne gesund erhält und außerdem einen frischen Atem macht, können Sie folgendermaßen herstellen: 30 g fein pulverisierte Myrrhe mit 2 TL Honig und etwas fein pulverisiertem getrockneten Salbei mischen. Zähne und Zahnfleisch morgens und abends gut damit einreiben.
- In ihrem Buch „Kräuterkosmetik für natürliche Schönheit“ teilt Walburga Obermayr aus ihrer „Antiquitätensammlung“ das Rezept für ein Mundwasser mit, mit dem in früheren Zeiten Skorbut (eine Vitaminmangelkrankheit, die sich auch in Zahnfleischentzündungen äußerte) bekämpft wurde und das auch heute noch gegen Zahnfleischentzündungen verwendet werden kann (die Zutaten erhalten Sie in der Apotheke):

  Etwas Alaun wird zusammen mit 175 g zerkleinerter Schlehdornrinde und 1 Handvoll Blütenblätter von roten Rosen in einer Mischung aus 1 l Wasser und 1 l Rotwein solange aufgekocht, bis sich die Flüssigkeitsmenge um ein Drittel vermindert hat. Dann fügt man 2 Handvoll Löffelkraut (dieses wurde früher als „Skorbutgras“ bezeichnet), die Schale von 2 Bitterorangen (Pomeranzen) und 1 TL pulverisierte Myrrhe hinzu, verrührt alles gut miteinander, läßt es nochmals aufkochen und gießt die Flüssigkeit durch ein feines Sieb (noch besser geeignet ist Kaffeefilterpapier) ab. Zweimal täglich 1 Mundvoll der Flüssigkeit solange im Munde halten, wie es möglich ist. Dadurch wird das Zahnfleisch gekräftigt.

Hildegard von Bingen

Hildegard von Bingen empfiehlt in ihrem großen medizinischen Werk „Causae et Curae" die Myrrhe gegen Zahnerkrankungen, die sie den „Zahnwurm" nennt. Hier das Originalrezept:
„Wenn Würmer an den Zähnen des Menschen nagen, soll er die gleiche Menge Aloe und Myrrhe nehmen, in ein irdenes Gefäß mit einer engen Öffnung am Hals über glühenden Kohlen aus Buchenholz geben und anzünden. Dann soll er den aufsteigenden Rauch durch einen engen Halm bei geöffneten Lippen zu dem schmerzenden Zahn leiten. Die Zähne soll er aber zusammenpressen, damit nicht zu viel Rauch in die Kehle gelangt. Das soll er zwei- bis dreimal am Tag, und zwar fünf Tage lang tun, und er wird geheilt sein. Wenn nämlich die Wärme der Aloe und die Wärme der Myrrhe durch die gleichmäßige Wärme und Kälte der glühenden Kohlen hervorgerufen wird, vernichtet die Stärke ihres Rauches die Zahnwürmer." (Zitiert nach der Übersetzung von Manfred Pawlik)

Zerebralsklerose (Verkalkung der Hirnarterien)

Ursachen und Symptome

Bei dieser Erkrankung handelt es sich um eine nichtentzündliche Krankheit oder Schädigung des Gehirns infolge von Durchblutungsstörungen.

Hirndurchblutung in verschiedenen Lebensaltern

- Im Jugendalter ist die Hirndurchblutung und der damit verbundene Sauerstoff- und Glukoseverbrauch besonders hoch. Die Hirntätigkeit weist hier die höchsten Leistungen auf.
- Im Alter zwischen 20 und etwa 55 Jahren bleibt die Durchblutung des Gehirns konstant – vorausgesetzt, daß keine Herz- oder Kreislaufprobleme vorliegen.
- Danach nimmt die Durchblutung des Gehirns ebenso wie der Sauerstoff- und Glukoseverbrauch ab. Es kann zu Arterienverkalkungen im Hirnbereich kommen. Der Grund: natürliche Umbauprozesse, die die Arterienwand verändern – beispielsweise durch eine Verminderung der Elastizität.

Gründe für eine Zerebralsklerose können u.a. sein:

- Bluthochdruck
- Erkrankungen des Herzens, wie beispielsweise Herzinsuffizienz oder Herzrhythmusstörungen
- Diabetes mellitus (häufigste Zuckerkrankheit)
- erhöhter Blutfettgehalt
- Nikotinmißbrauch
- orale Antikonzeptiva (die „Pille")

Symptome einer Zerebralsklerose sind u.a.

- Konzentrationsschwäche
- Schwindelgefühle
- Erschöpfungszustände
- Schlafstörungen
- in schweren Fällen auch Muskelversteifung, gelegentliches Zittern, Schluckstörungen.

> Wichtig!
> Bei länger anhaltenden Beschwerden unbedingt den Arzt aufsuchen, da es sonst möglicherweise zu einem Schlaganfall oder zu einer Hirnblutung kommen kann!

Behandlung mit Gold

Die homöopathische Medizin empfiehlt - nach Absprache mit dem Arzt - die Einnahme von Gold in Form von Globuli (Kügelchen) in der Verdünnung D3 - D6.

Behandlung mit Kombinationspräparaten

Olibanum compositum

Dieses homöopathische Präparat - in Form von Tropfen oder als Injektion gegeben - kann den Gesamtzustand deutlich verbessern. Sprechen Sie mit Ihrem Arzt!

Aurum/Belladonna comp.

Besonders bei Gefäßsklerose und zerebralen Durchblutungsstörungen empfiehlt die anthroposophisch erweiterte Medizin dieses homöopathische Präparat, das neben Gold auch Auszüge der Tollkirsche enthält. Es wird in Form von Injektionen oder Globuli (Kügelchen) verabreicht.

Literatur

Bücher

Binz, Arthur, Edelmetalle, Berlin 1939

Brosse, Jacques, Mythologie der Bäume, Olten 1990

Dioscurides, Kräutterbuch, Frankfurt/M. MDCX (Nachdruck München 1964)

Engel, Fritz-Martin, flora magica, Wiesbaden, o.Jg.

Gäbler, Hartwig, Aus dem Heilschatz der Natur, Stuttgart 1965

Gottlieb, Bill (Hrsg.), Neue Wege in der natürlichen Heilung, o.O. 1995

Hahnemann, Samuel, Chronische Krankheiten, 2.Teil 1835 (Nachdruck Karl F. Haug, Heidelberg 1983)

Henglein, Martin, Die heilende Kraft der Wohlgerüche und Essenzen, München 1985

Hildegard von Bingen, Heilwissen (Übersetzung Manfred Pawlik), Augsburg 1992

Homöopathisches Repetitorium, Karlsruhe 1993

Horn, Effi, Parfum, München, o.Jg.

Kluge, Heidelore, Hildegard von Bingen – Edelsteintherapie, Rastatt 1998

Kluge, Heidelore, Hildegard von Bingen – Mond und Sonne, Rastatt 1998

Kluge, Heidelore, Hildegard von Bingen – Pflanzen- und Kräuterkunde, Rastatt 1998

Kluge, Heidelore, Fernando, Charles, Weihrauch und seine heilende Wirkung, Karl F. Haug Heidelberg 1998

Kraus, Michael, Ätherische Öle für Körper, Geist und Seele, Gaimersheim 1992

Martinetz, D., Lohs,K., Janzen, J., Weihrauch und Myrrhe, Berlin 1989

Obermayer, Walburga, Kräuterkosmetik für natürliche Schönheit, Haldenwang 1984

Präparateliste der Naturheilkunde, München 1998

Pschyrembel, Willibald, Klinisches Wörterbuch, Hamburg 1994

Rimmel, Eugene, Das Buch des Parfums, Dreieich 1985

Sellar, Wanda, Watt, Martin, Weihrauch und Myrrhe, München 1997

Tisserand, Robert B., Aroma-Therapie, Freiburg 1980

Trommsdorff, J.B., Kallopistria oder die Kunst der Toilette für die elegante Welt, Erfurt 1805
Truttwin, Hans, Kosmetische Chemie, Leipzig 1920
sowie:
Die Heilige Schrift nach der deutschen Übersetzung D. Martin Luthers
Der Große Brockhaus

Zeitschriftenartikel

Al-Harbi, M.M. et al., Anticarcinogenic Effect of Commiphora molmol on Solid Tumors Induced by Ehrlich Carcinoma Cells in Mice, Chemotherapy 40/94
Al-Harbi, M.M. et al., Effect of Commiphora Molmol (Oleo-gum-resin) on the Cytological and Biochemical Changes Induced by Cyclophosphamide in Mice, American Journal of Chinese Medicine 1/94
Beckmann, G., Kugler, F. und Sonnenschein, B., Experimentelle Untersuchungen zur antimykotischen Wirksamkeit eines Myrrhe, Kamillenextrakt und Kaffeekohle enthaltenden Arzneimittels, Erfahrungsheilkunde 11/96
Brenol, J.C. et al, Efficacy of auranofin as demonstrated by improvement in clinical parameters and decrease in anti-inflammatory usage: a long-term, multi-center study, Scandinavian Journal of Rheumatology, Suppl. 1986/63
Keibel, Edzard F., Intestinalmykosen und Mikroflora, Der Heilpraktiker & Volksheilkunde 10/97
Keibel, Edzard F., Intestinalmykosen, Naturheilpraxis 3/97
Klein, G. et al, Klinische Wirksamkeit und Verträglichkeit von Auranofin bei Patienten mit chronischer Polyarthritis. Ergebnisse einer multizentrishen Langzeitstudie, Zeitschrift für Rheumatologie 47/88
Qureshi, S. et al., Evaluation of the genotoxic, cytotoxic, and antitumor properties of Commiphora molmol using normal and Ehrlich ascites carcinoma cell-bearing swiss albino mice, Cancer Chemotheraphy and Pharmacology 33/93
Tariq, M. et al., Anti-inflammatory activity of Commiphora molmol, Agents and Actions 3-4/1985
Ward, J.R. et al, Comparison of auranofin, gold sodium thiomalate, and placebo in the treatment of rheumatoid arthritis. A controlled clinical trial. Arthritis Rheumatology 11/83

Wiendl, Ruth Maria und Franz, Gerhard, „Myrrhe", Deutsche Apotheker Zeitung 1/94

Firmenveröffentlichungen

Die Basis-Information zu Ridaura, Yamanouchi Pharma GmbH, Heidelberg 1997

Weleda-Nachrichten, Weihnachten 1987

Weiterführende Literatur zum Thema Myrrhe

[1] Ammon, H. Selektive Wirkung der Boswellia-Säuren, Heilkunst 5/1993, S. 35

[2] Beckmann, G., Kugler, F., Sonnenschein, B., Experimentelle Untersuchung zur antimykotischen Wirksamkeit eines Myrrhe, Kamillenextrakt und Kaffeekohle enthaltenen Arzneimittels, Erfahrungsheilkunde 11/1996 S. 842–847

[3] Brendler, T., Grünwald, J., Jänicke, C. (Hrsg.) Heilpflanzen – herbal remedies CD – ROM, PhytoPharm Consulting Berlin

[4] Hänsel, R., Keller, K., Rimpler, H., Schneider, G. (Hrsg), Hagers Handbuch der Pharmazeutischen Praxis, Springer Verlag

[5] Keibel, E. F., Gibt es bei der Behandlung von Intestinalmykosen (Hefen) Alternativen zu Nystatin? HP – aktuell 6 11/1992 S. 17 – 19

[6] Keibel, E. F., Myrrhe – Eine antike Arznei mit alten und neuen Indikationen. Naturheilpraxis 48 5/1995 S. 24 – 31

[7] Madaus, G., Lehrbuch der Biologischen Heilmittel, Mediamed Verlag

[8] Martinetz, D., Lohs, K., Janzen, J., Weihrauch und Myrrhe, Wissenschaftliche Verlagsgesellschaft Stuttgart

[9] Nolting, S., Mykosen des Verdauungstraktes, Medi-Verlag Hamburg

[10] Wiendl, R. M., Franz, G., Myrrhe – Neue Chemie einer alten Droge, Deutsche Apotheker Zeitung 134 Jahrgang Nr. 1 6.1.1994 S.27 ff

[11] Willuhn, G., Sesquiterpenlactone – potentielle Leitsubstanzen für die Arzneimittelfindung, Deutsche Apothekerzeitung Nr. 48/1987, S. 2511

Produkthinweise

Biologische Heilmittel Heel GmbH, 76484 Baden-Baden
(goldhaltige Mittel in Tropfenform)

JURA Pharmazeutische Fabrik Gollwitzer KG, 78464 Konstanz
(Goldpräparate auf der Basis der Hildegard-Medizin)

Dr. Reckeweg & Co., Pharmazeutische Fabrik, 64625 Bensheim
(homöopathische Kombinationsmittel, die Gold enthalten)

Repha GmbH Biologische Arzneimittel, 30832 Langenhagen
(pflanzliche Mittel mit Myrrhe)

Sabinsa Corporation, 121 Ethel Road West, Unit #6, Piscataway, NJ 08854, USA (Boswellia Cream)

Stadt-Apotheke, Dr. R. C. Fernando, 76703 Kraichtal-Gochsheim
(Weihrauch-Kapseln)

WALA-Heilmittel GmbH, 73085 Eckwälden/Bad Böll
(homöopathische Mittel, die Gold in unterschiedlichen Kombinationen enthalten)

Weleda AG Heilmittelbetriebe, 73503 Schwäbisch Gmünd
(homöopathische Mittel, die Weihrauch, Myrrhe und Gold enthalten)